歴史文化ライブラリー

590

伊勢参宮文化と街道の人びと

ケガレ意識と不埒者の江戸時代

塚本　明

吉川弘文館

目　次

伊勢の実像に迫る視角——プロローグ

1　伊勢の実像に迫る視角

江戸時代の伊勢の地は、諸国からの参宮客によって成り立っていた。日本の「総氏神」として全国的な信仰を集めた伊勢神宮（正式には単に「神宮」と称する）は、内宮《ないくう》と外宮《げくう》の二つの正宮に分かれるが、それぞれの鳥居前には宇治と山田という都市空間が広がり、年間数十万人の旅人を迎えた。宇治・山田の住民は神宮に奉仕する神主を中核とし、彼らは参宮客からは御師《おんし》と呼ばれ、伊勢での宿を提供するとともに、神宮や近隣の名所を案内した。祈願を込めた神楽の奉納も、当時は御師宅で行われた。

宇治・山田とその周辺は、武家が全国を統治する時代にあって例外的に宗教組織が領有する「神宮領」であり、神の前での清浄さが求められる。「神宮領」の住民は、死者が発生した時など、「ケガレ」を避けるために他所と全く異なる作法・習慣を持った。あらゆる局面で「ケガレ」を徹底的に忌避し、清らかさを追求するのが、伊勢の地の特質だった。

だが、古市《ふるいち》をはじめとする歓楽街の賑わい、そこで発達した芸能、ほぼ六十年に一度の間隔で発生した御蔭参《おかげまい》りの喧噪、そして参宮客が国元に伝えた「お伊勢さん」のありがたさ、楽しさも、よく知られている。庶民信仰に根ざした参宮文化は、厳粛と静謐だけで語ることはできない。むしろ、明治維新国家が神宮改革を断行する前の伊勢の地は、濃厚な世俗性、卑俗性を合わせ持っていたのである。

故郷を出て、普段の生活とは掛け離れた贅沢な消費をする参宮客により、伊勢の経済は商品流通の実態を大きく越えて動いた。多額の金銭を狙い求めて、様々な階層の人たちがあちらこちらでうごめく。古代以来の神道の制度と教義は、近世の参宮文化の成熟とともに、そのままでは維持できなくなる。神宮領として清浄さを掲げつつ、現実と折り合いを付けるための様々な工夫が発達した。なかには、一種のまやかしに見えるものも含む。旅の者が多く、匿名性と流動性が高い地では、共同体的な規制、倫理観や道徳がそのままでは機能しない。神主から商人、「裏社会」に至るまで、不埒者《ふらちもの》、ならず者が方々で暗躍する。

本書は、そのような伊勢の地の特性を、理想・理念と実態との懸隔をひとつの切り口として描いていきたい。神聖さ、清浄さの裏に潜む「ケガレ」、厳格な規制とかけ離れた実態、法や原則、契約を回避しようとする工夫、狡猾《こうかつ》さ、様々な情念の噴出。善悪、正邪、理非の二項選択では片付かぬ葛藤のなかで、人びとはしたたかに生きていたのである。

伊勢神宮の存在によりこの地に花開いた参宮文化は、伊勢と参宮街道沿いに住む人びとの暮らしと人生に、いかなる影響を及ぼしたのか。諸国からの参宮客の視線でも神宮自体でもなく、宇治・山田及び周辺地域の固有の社会像に迫ることが、ここでの課題である。

伊勢の地は、文書記録が大量に残され、伝わっていることでも、当時の社会で異彩を放っている。神宮の図書館として知られる神宮文庫には約三十万冊の蔵書に加え、膨大な史料が収蔵されているが、なかでも当時の神宮機構が日々記録し、江戸時代前期から幕末に至るまで三千五百冊以上が残る『神宮編年記』は、一、二か月分で一冊、時には一か月分で二冊になるほどの密度で、神宮領で発生した事件が詳細に描かれる。神主たちがまとめたこの記録は、これまで主に神宮の制度や儀礼、また信仰の面から分析がなされてきたのだが、ここでは「世俗」の視点から読み解くことにする。神宮の神聖性や人びとの信仰を揶揄し、否定する考えはさらさらない。聖と俗、浄と穢《え》、表と裏、虚と実、それらが相補い合って成り立った、魅力的な社会を描くことを意図するのみである。

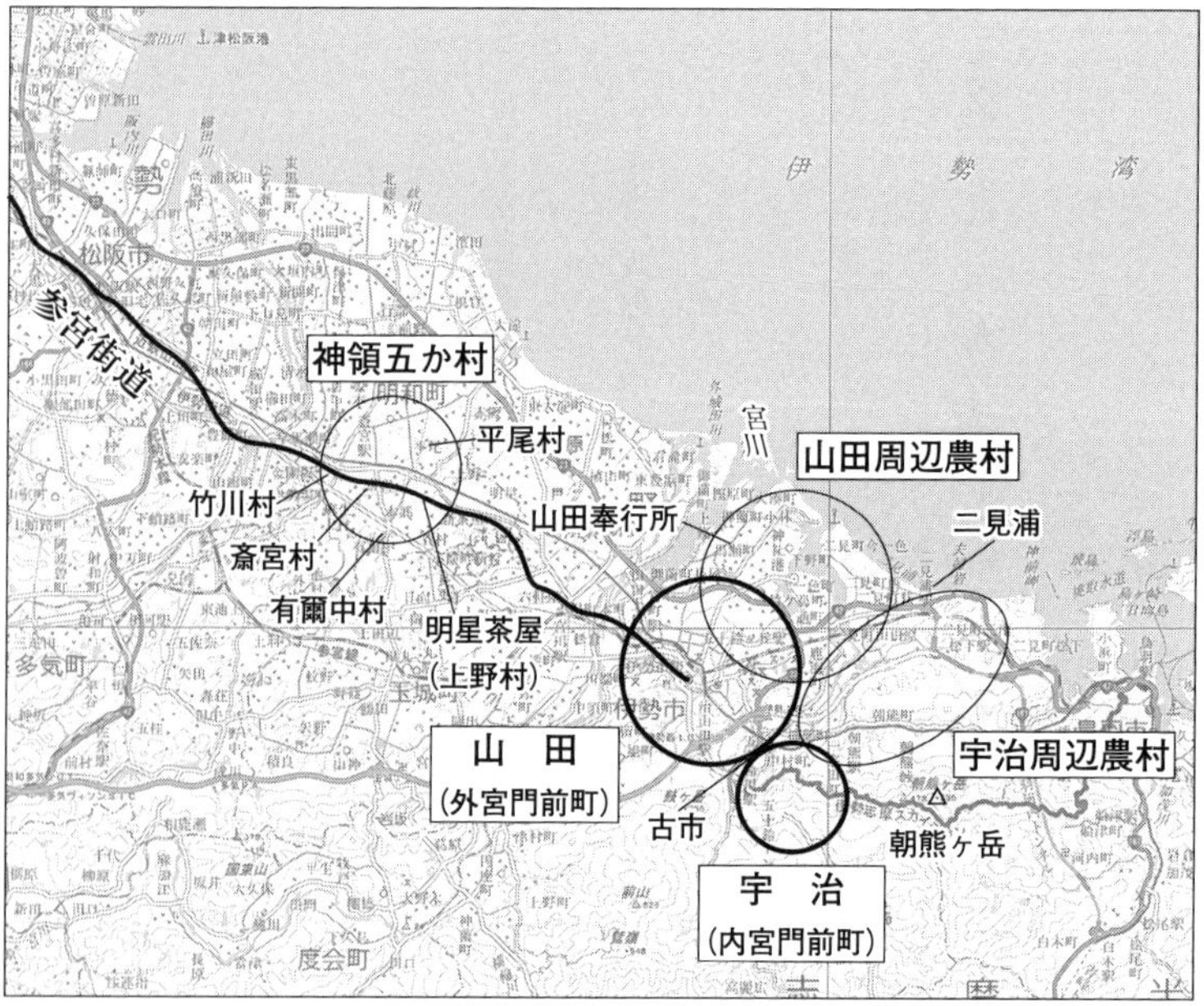

図1　伊勢神宮領周辺略図

参宮客と「ケガレ」の回避

本章ではまず参宮客との関わりのなかで、伊勢の地が「ケガレ」にどう対処していたのかを考えたい。神宮領の住民としてどれほど神の前での清浄さを求めても、ここは外部から閉ざされた空間ではなかった。いや、江戸時代の伊勢は、当時の日本社会において、訪れる旅人たちに経済的に依存する度合いが最も強い「観光都市」であったと言っても過言ではない。そのなかで伊勢神宮領に内包する「ケガレ」要素の存在、清浄さを脅かされかねないものがどのように処理されていたのかを、見ていくことにしたい。

なお、あらかじめこの地域の行政的枠組みを示しておこう。宇治・山田及びその周辺農村は、「神宮領」と称されるものの、検地の対象外で年貢が賦課されないため、神宮の領主権は実質的に存在しない。日常の行政は、宇治会合と三方《さんぽう》会合（山田三方）という中世以来の住民自治組織（＝両会合）が管轄し、その上位に幕府から派遣された遠国奉行《おんごくぶぎょう》、山田奉行が位置する。神宮は、多気《たき》郡にある直轄領五か村（現明和町の一部）などを領主として支配するが、外宮、内宮の神主組織の代表たる「長官」の代理者は、宇治会合、三方会合の代表とともに定期的に山田奉行所に出頭して、随時その指示を受けていた。

7　参宮客を迎える芸能民

拝田・牛谷の民

伊勢参宮の盛行に伴い、旅の情報を伝える案内記が様々な形で出版されるようになる。寛政九年（一七九七）に上方で刊行された挿絵入りの『伊勢参宮名所図会』（以下『図絵』と略記する）から、参宮客で賑わう伊勢の場面を二つ取り上げよう。

図2は、外宮から内宮へ向かう途中、古市《ふるいち》の手前の「間《あい》の山」（尾部坂）を描いたものである。まず右側には、道沿いに建てられた小屋の中で二人の女性が三味線を弾いている様子が見える。二人に向かって片手を振り上げている見物客も目に付く。これは「お杉・お玉」と呼ばれた女性たちで、三味線を抱えて唄いながら、二人を目がけて見物客が投げる銭を巧みに避ける（あるいは撥《ばち》で受ける）という芸を演じているのである。「お杉・お

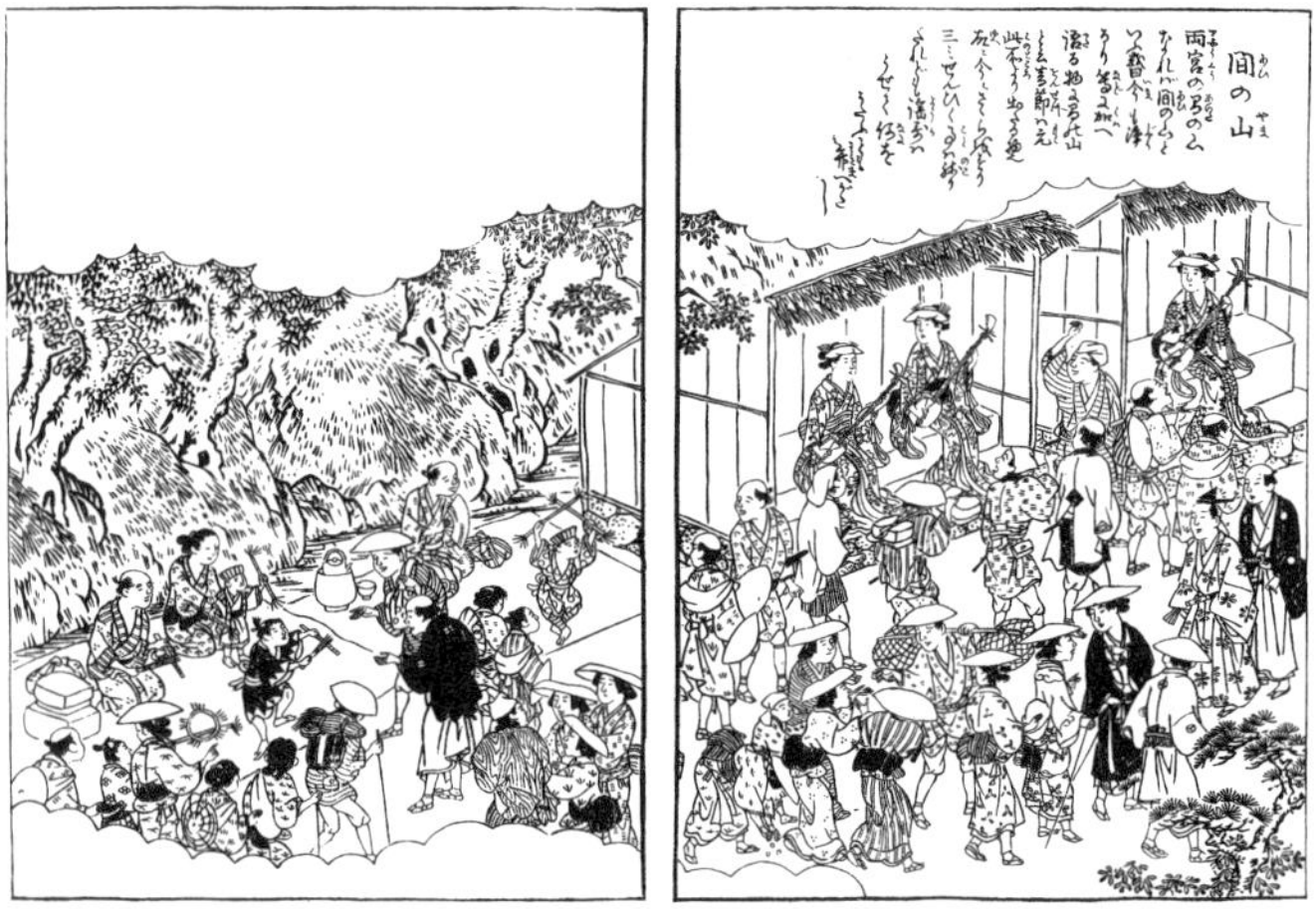

図2　『伊勢参宮名所図会』より「間の山」

玉」は特定の二人ではなく、いくつもある小屋ごとに二人ずつ居た（右隣の小屋のように、一人だけの場合もある）。なお、古市を過ぎ宇治の町へと下る牛谷坂（浦田坂）には「お鶴・お市」という者が居り、参宮客からは、同様に「お杉・お玉」と呼ばれた。

「お杉・お玉」の左側には、茣蓙《ござ》の上に二つの家族が居る。父親と息子の親子二人、そして夫婦に子供二人の組み合わせである。共に親は後ろにすわり、一人はお茶を用意し、夫婦の方は行李を横に置く。子供三人は、棒状のものを二本ずつ持ち踊っている（夫婦の男親も持つ）。持っているのは「ささら」という楽器であり、二本を打ち合わせながら拍子を取り、親の謡いに合わせて子供が踊ったのである。見物する二人の旅人が手を差し伸

図３　『伊勢参宮名所図会』より「宇治橋」

べているが、「おひねり」を渡しているのであろう。なお「ささら」には竹を細く割って束ねた比較的長いものと、数十枚の小板を打ち合わす形のものとがあった。

『図会』で注目したいもう一つの場面は、内宮の手前、五十鈴川《いすずがわ》に架けた「宇治橋」である（図３）。橋を渡る参宮客が見下ろす川のなかには、長い竹棒の先に網を付けて持つ子供たちが六人描かれ、参宮客が投げ落とす銭を網で受け止めている。

三味線を弾く「お杉・お玉」、「ささら」を使って唄い踊る家族、宇治橋の下で網を持つ子供たちは、彼らの「芸」を見物する客の喜《き》捨《しゃ》、投げる銭＝「蒔銭《まきせん》」を期待する人びとであり、そしていずれもが、拝田《はいだ》・牛谷《うしたに》という集団に属する宇治・山田の被差別民なのであった。慶長の頃には、すでにこうした人びとがこの地に集まっていたことを確認できる。

宇治の牛谷、山田の拝田は、地名（集落名）であると同時に組織、身分集団の呼称でもあり、参宮客を迎える習俗芸能に関わるとともに、この地で死者を葬る時、また犯罪者の追捕や刑罰執行の時などに姿を現し、総じて伊勢の社会構造を底辺から大きく規定した存在であった。近江国大津の三井寺《みいでら》別当院近松寺《ごんしょうじ》配下の説教師、「ささら」身分としての由緒を持ち、宗教者、芸能民としての属性を有するが、十八世紀初頭に近松寺の支配を脱し、以後は宇治・山田の非人集団として扱われるようになったとされる。

蒔銭の実態

蒔銭とはもともとは「散米」の代わりであり、人の罪障を祓い浄める作法であった。「蒔銭」の対象は、いわば人の「ケガレ」を専門的に受け止める被差別民だからこそ、意味がある。もちろん投げられる銭を「お杉・お玉」が巧みにかわし、橋の下の子供たちが網で見事に受け止める「芸」を楽しみ、称賛する面もあったであろうが。なお参宮客らは、神楽奉納時や参詣道を歩む途中でも、蒔銭を待つ「貧しき者」に施すことを功徳としていた。

「蒔銭」とそれを受け取る者たちの具体的な様相を、諸国から訪れた旅人の日記、「道中日記」から見ていこう。宮川を渡り伊勢に入るや否や「乞食多し」という様子は、多くの旅人が記していた。常陸国高柴《たかしば》村の益子教覚が文化九年（一八一二）に著した道中日記には、「いせびくに物貰い大勢出ル」と記録される。「伊勢比丘尼《びくに》」とは尼の姿で諸国を勧進して廻った女性のことだが、ここでは物貰い、乞食のことを指している。江戸時代の二大商人群を「近江泥棒・伊勢乞食」と揶揄する言葉があるが、「伊勢乞食」は、神宮周辺に物乞い乞食が多数居ることから称されたともいう。

いったいどれほどのお金が「蒔かれた」のだろうか。明和二年（一七六五）に奥羽国由《ゆ》利《り》郡新庄《しんじょう》村から来た木村有周という者は、道中日記のなかで、伊勢に着いた日に「両宮巡りにまき銭一貫文」と記す。安政三年（一八五六）に相模国関本村の関野長右衛門は、宮川を渡り伊勢に入ってから二見浦まで駕籠に乗っていくが、「此間殊に銭もらい多く、まき銭およそ壱貫文ばかりもほどこし」とし、翌日に間の山の「お杉・お玉」を見物した際には「まき銭多く、八百文もほどこし」、さらにその翌日は御師宅で太々神楽をあげた後、神宮と外宮裏山の天の岩戸へ参詣するが、「まき銭多き事」と二度も表記している。

江戸時代には年間四〜五十万人の参宮客が訪れたが、逗留期間を考慮すれば一日当たり二、三千人が宇治・山田に居たことになろう。参宮客には階層差があり、また講としてまとめて銭を蒔くこともあった。だが、木村有周や関野長右衛門らのように一度に一貫文（千文）をばらまく者が、控えめに見て参宮客全体の一％程度であったとしても、日々数万文ものお金が蒔かれた計算になる。現代の貨幣価値に置き換えるのは簡単ではないが、蕎麦やうどんが一杯十六文の時代であるから、百万円に迫る額となろうか。参宮客の「苛銭」を受けて生計を営むことのできる可能性は、伊勢では極めて大きかった。宇治橋下の投銭だけでも、ほぼ半年分の生計を支えられたという記録も残る。そして、牛谷の集落は二十四、五軒に過ぎなかったのである（拝田はもう少し多かったと思われるが）。

寛政七年（一七九五）に三方会合から出された風俗統制令には、拝田の子供たちが「絹類染物」の目立つ品を着用し、牛谷の者が「遊興同前の体」で「身分不相応の衣類」を着し徘徊していることを咎めている。「伊勢の乞食は錦を着る」というのが伊勢の実態であり、それには間違いなく経済的な基盤があった。

注目されるのは、拝田・牛谷の民への苛銭が、御師の参宮客接待システムの一環でもあった点である。天保十二年（一八四二）に武蔵国埼玉郡下之《しもの》村から訪れた川島巳之助の道中日記では、「お杉・お玉」「お鶴・お市」に百文と二百文、計三百文の苛銭が支出されているのだが、それぞれ「是は三日市より出」「是は御師より出」と記されている。「お杉・お玉」らは、単なる生活のための物乞い、「個人営業」ではなかったのである。

御師の邸で神楽が執行される時にも、「苛銭」や散米が大規模になされる。武蔵国埼玉郡岩槻《いわつき》の清水源之丞が安政六年（一八五九）に残した道中日記には、御師宅の座敷や庭への苛銭が二日間で総額八千二百四十八文にも上ったとする。そして神楽執行に伴い、「両間の山」（＝拝田・牛谷）に対しても祝儀が出された。「間の山」や神楽の場以外でも、参宮に行く途中などで銭が盛んに蒔かれた。寛政六年（一七九四）四月九日、内宮は宇治会合に対し「参宮之節銭を拾ひ候もの共」が、近頃は宮山までも入り込んでおり、神主が押し止めても聞き入れないとして、宇治会合から御師たちに対し、宮中近くでは蒔銭を制限するようにと依頼している。

乞食―勧進者の統制

三味線等の楽器を弾いて喜捨を願う行為も、本来は「間の山」の空間に閉じ込められたはずであった。だが、明和七年（一七七〇）六月二十七日、内宮は宇治会合に対して、館《たち》町（神宮から見て五十鈴川より内側の、最も中枢に位置する町）において三味線を弾く「乞食」がいることを咎め、慎み中は差し留めるべしと申し入れている。数日前の六月二十四日に内宮領内に焼死人が発生し市中が「触《しょく》穢《え》」（穢れに触れたとして慎みが求められる状態）になっていたためだが、通常の時は特に問題とされず、容認されていたことになろう。寛政七年（一七九五）以降に統制令が再三出されていることからも、「間の山」以外での営業が一掃されたとは考えにくい。

神楽に際して銭が蒔かれる御師邸に「銭ひらいの者共猥りに入り込」むことを咎めた触は、安永四年（一七七五）四月と文化四年（一八〇七）三月にも出され、安政四年（一八五七）には、あろうことか乞食ではなく宇治会合にとって「仲間之もの」が、銭拾いに出ることを「乞食躰に相見え、当所の恥辱」として禁じているとしている。再三触れているとしていることから、こうした行為は常態化していたようだ。

拝田・牛谷の民は第一に「間の山」などで施しを待つ物乞い＝乞食であり、蒔銭を得るための芸能は、御師と関係を持つ制度的な興行であった。そして個別の施しとは別に、拝田・牛谷の組織に対し御師から祝儀金も支払われた。拝田・牛谷の民は、ただ経済的支援を求める乞食なのではなく、「間の山」の賑わいを演出し、参宮客をもてなす上で重要な役割を担っており、御師たちとも組織的につながっていたのである。

だが銭が大量に蒔かれると、それを目当てに困窮した民が外部から押し寄せることが予想される。参宮客に付きまとう物乞い＝乞食は、すべて拝田・牛谷の民なのであろうか。

元禄三年（一六九〇）五月、三方会合・宇治会合は、方々から大勢の乞食が入り込み、治安が悪化しているとして、「所の乞食」、つまり拝田・牛谷の者たちに目印となる「札」を交付し、他所の乞食を統制することにしている。安永八年（一七七九）には「穢人」が町家の住民と紛れないためとして、拝田・牛谷の民に「目印札」を下げることが命じられた。ただし、これで拝田・牛谷以外の「野非人」が一掃されたわけではなく、相変わらず物乞い乞食が流入し続けたものと思われる。天保十三年（一八四二）十二月には天保改革の一環で、幕府遠国奉行の山田奉行所から、「野非人無宿類」を抱え置く寄場《よせば》の建設が提案されている。

拝田・牛谷の民は、もともとは説教者であったという由緒を持つように、単なる物乞い非人の集団ではなく、言祝《ことほ》ぎを行う芸能者としての性格を持ち、一定の宗教性を帯びていた。近世の都市社会を中心に、歳末になると歯朶《しだ》の葉を差した編み笠をかぶり赤い布で顔を覆い、二、三人で家々を訪れる「節季候《せきぞろ》」という芸能民が居た。いわゆる門付《かどづ》け芸で、祝い言葉を唱えつつ米銭を貰い歩くのだが、地域によっては小太鼓やささらを摺りながら唄い、踊ったという。伊勢では「牛谷拝田の手下、節季候」と表現されるように、拝田・牛谷集団の一部として節季候が居り、年末に宇治・山田の町方を巡って銭を乞うた。彼らは三方会合・宇治会合の統制下にあり、安永八年（一七七九）には節季候がみだりに町家に入り込んでいることを咎めて、「間の山」と町方で勧進をすることを一時差し留めている。節季候らは拝田・牛谷を介して両会合に不作法を詫び、差留の解除を願うこととなった。

そして、歳末に限らず拝田・牛谷の民は、「祝儀不祝儀」「吉凶」の際に町々に金銭を求めて勧進して廻る属性があった。不祝儀（葬儀）における拝田・牛谷の役割は後に紹介するが、文政十三年（一八三〇）の御《お》蔭参《かげまい》りの雑踏のなか、三方会合が拝田に警護の「番」を無給で申しつけたため、拝田では代償として町々に祝儀を求めて歩いたという。

警護役と興行警備

被差別民が地域社会を警護する役割を持つことは、前近代社会に広く見られる。く見られる。領主の警察権の末端に連なり、犯罪者の追捕や刑罰の執行、牢獄を管理するなどの役に従事した。伊勢でも同様で、山田奉行の下で治安維持にあたったのは、拝田・牛谷の民であった。賽銭泥棒など不埒な者を取り押さえ、盗賊や殺人事件に関連して山田奉行の与力《よりき》・同心《どうしん》の下で実働部隊として探索・捕縛にあたる姿も、史料に現れる。この役割を務める時に彼らは捕縄と十手を持ち、住民側は「役所目付衆」「御目付」などと呼んだ。また、犯罪者を捕縛した場合、属する共同体等から縄代と酒代を徴収する権利を持っていた。捕らえられた未決囚を収容する牢獄も、拝田、牛谷の集落のなかに置かれ、彼らが管理した。

これも他の地域と同様だが、奉行の警察権に連なるとともに、宇治・山田の町々が治安維持のために雇用する番人も、拝田・牛谷の組織集団から登用された。

拝田・牛谷の民は、個別には町々の番人を務め、住民組織としては三方会合・宇治会合に統制され、山田奉行所の警察権の末端にも連なるという位置付けにあったのである。

江戸時代の伊勢では、参宮客を楽しませるための芝居や見世物が盛んに行われたが、これらの興行の警備にも、被差別民が深く関与している。古市周辺には芝居小屋が建てられ、著名な役者も訪れて三都と並ぶ人気を博した。そして歓楽街だけでなく宇治・山田とその周辺農村を含め、恐らく山田奉行管轄の神宮領で行われるすべての芝居興行の警備についても拝田・牛谷が管轄し、その下で神宮領の「穢多」身分集団もこれに関与していた。なお周辺の村々では、「穢多」身分集落を持つ村ではその者たちが、不在の村では拝田・牛谷が直接に芸能興行を管理していたようだ。

嘉永二年（一八四九）九月に、古市の芝居興行の警備を巡って「穢多」村同士で発生した争論を見ると、芝居に不可欠な太鼓などの打ち物、鳴物の革を張り替えるため、皮革を取り扱う被差別民は職人として芝居小屋に無銭で出入りしてきた、という主張がなされている。宇治・山田周辺の「穢多」村住民がすべて「皮屋」だったわけではないが、皮革業と芝居小屋とは鳴物道具を維持する機能でつながり、合わせて警備役も担ったらしい。

拝田・牛谷の持つ芸能民、宗教者としての側面は、一定程度他の地域の被差別身分集団にも共通して見られる属性である。だが、参宮客の来訪によって社会経済が成り立つ江戸時代の伊勢においては、彼らの役割は特別な意味を持ち、その存在は不可欠なものとなっていたのである。

被差別民の参宮

神宮領には特有の役割を持つ芸能民が居り、彼らは非人身分であった。では、外部から訪れる被差別民に、神宮はどのように対応していたのであろうか。そもそも日本の総氏神たる伊勢神宮は、どのような参拝者をも受け入れていたのであろうか。

神道と差別問題

身分制社会のなかで、穢れを忌み、清浄さを最大の眼目とする神宮世界では、被差別民の来訪を強く拒絶したことが予測されよう。実は私自身が以前はそうだったのであるが、神宮、また総じて神社は、被差別民に対して過酷な差別を生み出してきたという、一種の「先入観」が存在する。近年は、神社に特有の「ケガレ」観念が差別意識の根幹であるという主張も出され、差別解消に向けての啓蒙活動に少なからぬ影響を及ぼしている。

神宮の歴史研究の泰斗・大西源一氏は、神宮関係の膨大な史料を博捜して、九百頁ほどに及ぶ大著『大神宮史要』を著したが、そのなかでも被差別民の問題は慎重に避けて叙述している。用いられた史料群には少なからず関連する記述があり、大西氏が見落としたはずはない。神宮崇敬の念の篤い氏に限らず、神宮、神社世界にとって「ケガレ」と差別の問題は、一種のタブーとして、触れてはならぬ領域と意識されてきたように感じる。

だが、神社が神社特有の観念から、被差別民に対してより一層の差別を及ぼしてきたというのは、きちんと実証された史実ではない。イメージのみで一見分かりやすい結論を出すのは止め、神宮領の宇治・山田を舞台に史料に基づいて検証作業を行ってみよう。

「穢人」禁忌規定

享和元年（一八〇二）二月二十五日、宇治・山田市中に次のような禁忌規定が発令された。内宮と外宮で相談の上、住民組織を通して触れられたものである。伊勢国飯高《いいたか》郡と多気郡の「穢多」身分の三人が、二月十九日から山田妙見《みようけん》町に止宿し、二十、二十一日の両日に歓楽街の古市で飲食した事実が発覚したことに伴う対応であった（一部表記を改めている）。

穢人は鹿肉食うものに準じ候につき、止宿の家、穢人に同火致し候者、禁忌のこと左のごとし

一、穢人同火致し候家内の者、二十一日の禁忌

一、二十一日禁忌の者に合火致し候者、七か日の禁忌
一、七か日禁忌の者と合火致し候者、当日の禁忌
一、当日禁忌の者に合火の者は、沐浴
一、穢人まかり越し食用のあと、竈は破り下土等まで取り捨て申すべし、器物の類は土中に埋み申すべきこと
一、右同食の者、禁忌の懸かり候にも火を改め申すべきこと
一、そのほか火替え清め方の儀、諸事鹿火の取り計らいに準じ申すべきこと
一、穢人食用の前、二か日食用の者、禁忌二十一日

「鹿肉食」については、後で検討しよう。まず「穢人」と同火した者は二十一日間の禁忌とされ、その間の参宮が止められるとともに、穢れの伝染を防ぐため他人との接触が禁じられた。当然、利用された飲食店や宿屋は営業停止となる。さもないと二か条目以下に規定されるように、禁忌となった者を起点として四段階に順を追って穢れが伝染してしまう。

同火とは、同じ火を用いて調理した物を食べることを言う。マッチやライターなどなく、着火が容易ではなかった前近代社会では、竈のなかの炭火は絶やさずに残し、調理の度に火吹き竹などを用いて火を熾《おこ》して用いた。そうなると「穢人」が店を出た後に「同じ」火

で作られた料理でも、同火の穢れとなる。それどころか最後の箇条書きによれば、「穢人」が食事をした結果「火が穢れた」後だけでなく、なんということか、事が発生した二日前に遡って適用されるのだ。これを「返り火」と称したのだが、右の例では二月十八日以降に当該の店で飲食した者も、二十一日間の禁忌が求められたのである。

「穢れ」が発生した場所はもちろん、これらの禁忌にかかった者は、規定の期間が過ぎた後に「火替」が命じられる。火を消してまた着ければ良いというのでは済まず、竈の灰をすべて捨て、改めて火を熾さなければならなかった。「穢れ」を取り除くため使用された竈を破壊し、下土を取り捨て、用いた器類は土中に埋めるべきことも命じられている。

前近代には、火は穢れを強く伝染させると観念されたため、被差別民と煮炊きする火を別にし、煙草の火を直接つなげないなどの習俗的差別が存在した。だがここでの規定は、穢れとして認識し、拒絶する度合いが尋常ではなく、扱いの過酷さに慄然としてしまう。清浄さを求め、穢れを忌む神社世界と被差別民との、厳しく相容れない関係を感じる。

だが、被差別民が宇治・山田の市中で飲食や止宿をするのは、本当に例外的なことで、その場合は必ず右のような禁忌規定が適用されたのであろうか。この「同火」事件がどのような経緯で発覚し、そして誰が禁忌を問題としたのかを、検討してみたい。

被差別民の参宮禁止

被差別民の伊勢参宮は、法規定の上では明確に禁じられていた。明和八年（一七七一）八月三日、宇治の住民組織・宇治会合から、神宮御祓《おはらい》の配賦《はいふ》に関して市中に触が出される。江戸では団左衛門と車善七、京都は「非伝寺」などの類に御祓を賦《くば》る御師が居ることを「たしかに承」ったため、以後これを固く禁じ、守らない者は御師職を取り上げるとした。内宮の長官も、神宮神主らにこの旨を伝えている。

江戸時代に神宮の神主たる御師は、全国の檀那場《だんなば》（受け持ち地域）を巡回し、村人たちを伊勢講に組織して参宮を手引きした。被差別民のみを担当した御師がいたわけではない。この時の触によれば、江戸浅草の「非人頭」車善七、関八州など広範囲の被差別民を統括した「穢多頭」の弾（団）左衛門、京都で非人組織を管轄する悲伝院（非伝寺）、これら東西の主要な被差別民組織にすら御祓が賦られていたわけであり、特定の御師の逸脱行為ではなく、また諸国の被差別部落一般にも同様であったと考えるのが自然であろう。

安政元年（一八五四）三月二十一日にも宇治会合から、近年御師たちのうちで「穢多村」へ配札をして、伊勢へ来た際に止宿させている風聞を指摘し、これを禁じる触が出されている。江戸時代に、被差別民への御祓配賦と参宮時の宿の提供は、法令の上では厳しく禁じられていた。だが文面からは、実態としては幕末に至るまでそうした事態がしばしば発生していたらしいことも、読み取ることができる。

明和八年以前の関連する法令を確認できていないが、それまでも被差別民の参宮は許されてはおらず、この時期に明文化されたのであろう。なお、右の明和八年令と安政元年の触は宇治会合が出したものだが、山田市中には同地域の住民組織・三方会合から触れられたと思われる。

さて、前節で紹介した通り、宇治・山田にはその社会のうちに被差別民が存在した。宇治の牛谷、山田の拝田という非人集落が、山田奉行の下での下級警察役や行刑役、住民の葬儀に関する役目、乞食・節季候らの管轄等に当たっていた。この集団の性格と役割については追々紹介していくが、当面の課題に即して彼らへの規制法令を見ておこう。

寛政七年（一七九五）六月、三方会合・宇治会合から拝田・牛谷への行動規制法令が出された。その第三か条目では、男女子供に至るまで町家の軒下より内側へ入ってはならないことを先に通達したが、近頃みだりになっているとして、以後は内庭に入り暑中に水を乞い町家の器で飲むことや、茶屋の軒下に出した腰掛けで休息することなどを禁じている。

非人身分である拝田・牛谷の民は、「穢多」身分の者に比べれば禁忌の扱いは軽かった。彼らに対する行動規制は、当然に近郷・諸国を問わず「穢多」身分の者にも適用されたであろう。つまり「穢多」身分の者が参宮に訪れても、宿を提供することなど、とてもできないのである。ただそれはあくまでも公式の法規定上の話であり、実態は異なっていた。

鈴木家文書から判明する参宮

武蔵国横見郡下和名村の鈴木家文書は、弾左衛門配下の小頭甚右衛門家に伝わった古文書群で、この史料の公開により関東の部落史研究は飛躍的に発展した。そのなかで被差別民の参宮という事実も、明らかにされている。五島敏芳氏の分析によれば、天明五年（一七八五）から寛政十二年（一八〇〇）までの十五年間に村人が寺社参詣に赴く記事が二十九例認められ、そのうち半数ほどは伊勢参宮であったと推測される。当時の下和名村は二十数戸、百数十人の村であり、その比重の高さが分かる。伊勢神宮の御師とこの村とのつながりも、間違いなく存在した。寛政九年には十五軒が参加した伊勢講が結ばれており、この地域を檀那場とする外宮御師、杉木権大夫の屋敷や、同じ外宮御師の松木作大夫方に止宿したことを伝える史料があり、外宮最大の御師、三日市大夫の御祓についての記事も見られるのだ。

このほか、上野国の被差別集落からも、毎年伊勢講に基づいて参宮に訪れ、三日市大夫のところへ止宿していたことが確認されている。

現地に赴いていた御師の手代たちが、被差別集落であることを認識していなかったとは考えられない。すべて承知の上で御祓を賦り、参宮の宿を提供していたのである。三日市大夫は外宮で最も有力な御師であり、三方会合を運営する三方年寄家であった。被差別民の統制を命じた組織の者が、一人の御師としては日常的に被差別民の参宮を受け容れていたことになる。厳しい禁令と実態とは、大きな懸隔がある。「穢れ」に対する原則と現実の対応との驚くべきダブルスタンダードこそ、この地域でしばしば見られる特質なのだ。

同火六事例の検討

さて被差別民との「同火事件」は、江戸時代中に六例確認できる。

① 享和元年（一八〇一）二月、伊勢国飯高郡・多気郡の「穢多」身分三名が、山田妙見町で止宿し、古市で酒宴をした。（冒頭に掲げた事例）

② 文化元年（一八〇四）一月頃、宇治の非人集団・牛谷の「穢人」が宇治中之地蔵町《なかのじぞう》で食事し、三月に発覚した。

③ 文化七年一月、山田吹上町《ふきあげ》の番人が、同町内の者と古市で飲食し、翌月発覚した。

④ 文化九年三月、京都天部村《あまべ》の「穢多」身分の者が、二見江村《ふたみえ》の立石茶屋に止宿し、古市の辺りで捕らえられた。

⑤ 文化十二年一月頃、飯高郡の「穢多」身分の者が、古市に隣接する常明寺門前で飲食し、翌月に発覚した。

⑥ 天保十三年（一八四二）十二月、飯高郡「穢多」身分の者が常明寺門前で飲食した。

以上のうち③の事例は、神宮及び三方会合・宇治会合で吟味の結果、「同火」にならないと判定されたが、他の五例については市中に禁忌規定が発令された。

これらの記事は、いずれも十七世紀半ばから幕末まで日々連綿と書き継がれ、三千冊を超える神宮長官機構の公務日記に見いだせるものである。この日記は穢れに関わる事件をはじめ非日常的な事態が生じた際に、先例・類例を調べるために用いられた。享和元年の「事件」発生時に内宮、外宮とも「旧例」の有無を探すが、関連記事は見いだされなかった。そして以後の事件では享和元年の事件が「先例」として書き上げられ、これに倣っている。つまり、被差別民の「同火」により禁忌が発令されたのは、享和元年が初発である可能性が極めて高く、少なくとも当時の神宮世界で、これが初例と認識されたことは間違いない。

享和元年の転換

なぜ、享和元年からこのような事態が発生したのであろうか。諸国の被差別民の参宮は、ほとんど日常的なまでに活発だったらしいにもかかわらず、「同火」が問題になったのは幕末に至るまで計六例に過ぎないのは、なぜだろうか。六例の特徴を見てみよう。

まず、伊勢国外の被差別民の事例は京都天部から来た④のみで、あとは伊勢国内松坂以南の「穢多」身分三例、宇治・山田の非人が二例である。神宮境内に被差別民が立ち入ったことが問題にされたのは④の事例のみで、それ以外は参宮を目的とした訳ではなさそうだ。

次に「同火」が発生、もしくは発覚した場所は、古市町（①③④）、常明寺門前町（⑤⑥）、中之地蔵町（②）と、いずれも歓楽街なのである。④の事例でも止宿した場所は御師町ではなく二見の茶屋であった。御師町であれば、事情を知る関係者が口をつぐめばそれで済むのだが、歓楽街には諸国からの参宮客のほか、近郷からも多くの客が訪れていた。身分を隠して訪れても、特に伊勢近辺の者であれば、「素性」を知る者に出会ってしまう可能性がある。加えて歓楽街には無宿者たちが徘徊し、盗みや博奕などの犯罪もしばしば発生した。①の事例では、幕府の遠国奉行・山田奉行の配下の者が「怪しき体の者」を召し捕らえ、吟味したところ「穢人」であることが発覚し、しかも町家に止宿し、酒食（同火）したことも判明したため、禁忌について神宮に問い合わされたのである。②③は、市中の非人身分との「同火」について住民組織から神宮に相談が行われたのだが、残りの④〜⑥の事例は①と同様に、盗人と疑わしき不審者を山田奉行所が捕らえ、被差別民であることが発覚して問題になる、という経緯をたどっている。いずれも、被差別民の町中への立ち入り自体が咎められて捕縛された訳ではない。

文化元年の②の事例では、宇治会合から内宮長官機構に対して、牛谷配下の「穢人」と一般住民との「同火」が発覚したとの相談があり、神宮ではこの「穢人」は死人を取り扱うだけのことで「穢多」身分に比べ軽く扱うべきとしながらも、享和元年の先例に倣った規定を示している。これを受けて両会合では、市中に禁忌規定を発令した。

文化七年の③は、山田の吹上町の番人との「同火」について外宮に禁忌の相談が持ち込まれ、両宮が両会合と相談した末、禁忌の沙汰には及ばないとした。その後に知った山田奉行が問題視し、神宮から事情説明がなされるのだが、この件は後に検討しよう。

山田奉行の介入

被差別民が宇治・山田で「同火」したことが咎められ、禁忌規定が出されるに至るのは、神宮の意向ではなく山田奉行の下問が契機であった。そして山田奉行の神宮に対する問い合わせは、事実上の禁忌の強制でもあった。一方、神宮が独自に被差別民の「同火」を発見した事例は、一例もない。天保十三年の⑥は、山田奉行所が捕らえた者が「穢人」であるとの風説が起こり、外宮が三方会合を通して役所に伺ったところ「穢人」であることが判明した事例なのだが、これとて神宮側が予測される事態を先取りしたに過ぎない。特に、「風聞」という形で世上に広まったことが影響した。

諸国から参宮を目的に訪れた多くの被差別民たちは、御師の了解のもとで宿泊し、当然「同火」して、参宮も行ったはずだ。御師ら、そして三方会合・宇治会合を構成する者たちも、そうした事実は百も承知だったろう。被差別民は旅中において特段に身分標識をまとってはおらず、外見からは見分けがつかない。近隣の被差別民と異なり、彼らの出自を知り得る者は、自分の村を訪れる御師関係者のみであった。ゆえに、犯罪に関与して捕縛されない限り、彼らは何ごともなく参宮を済ますことができたのである。

神宮側の姿勢

被差別民の禁忌に関して、幕府側の山田奉行所と神宮との姿勢の違いを、文化七年の③の事例の経緯から、もう少し詳しくみてみよう。

二月二日、吹上町の清右衛門という者が外宮長官家を訪れ、隣家の悴、松之助が町の番人と先月十六日に「同火」した疑いがあることを伝えた。清右衛門は松之助の親と同火したため、参宮の可否の判断を求めたのである。外宮長官家では、享和元年の先例、すなわち「穢人」と同火の者は禁忌二十一日間、以下三段階に伝染する規定を示し、清右衛門個人については日数が経っていることもあり「火替、沐浴」で参宮は構わない旨を答えた。翌日外宮は内宮にこの件を知らせ、市中への禁忌発令に関して享和元年、文化元年の先例に倣うかどうかを相談する。三方会合へも、詳細な調査と対応を申し入れた。

三方会合は宇治会合と連絡を取り、二月四日の朝から関係者の取り調べがなされ、翌日神宮に報告されている。それによると、「事件」は次のようだという。

松之助は問題となった一月十六日に、御頭神事に際して懇意の者と酒宴の後、古市辺りへ行ったところで、非人集落の牛谷村へ赴く途中の番人平蔵と出会う。平蔵は松之助に対し、「寒気強く候あいだ、酒たべさせ呉れ候様」とせがむ。そこで松之助は、平蔵を連れて「山口屋久五郎後家」の店に寄り、庭で冷酒を「掛けながしの茶碗」で呑ませた。ただし、煮炊きした物は食べてはいない、とした。「掛けながし」とは、品物を一度用いただけで捨ててしまうことを言う。これならば、ケガレは広がらない。

三方会合は清右衛門を呼び出し、彼が外宮長官家に訴えた「同火」の証拠を問い質すが、その返答は確かな証拠というものはなく、風聞で承ったことだ、という。三方会合は、禁忌の問題を、確かな証拠もなく安易に神宮に訴えたことを咎める。

こうして三方会合も神宮も、禁忌には及ばないと判断した。確かに建物のなかには入らず「庭において」、「掛けながしの茶碗」を用いて「冷酒」を呑み、煮炊きした物を食べなかったのであれば、規定に照らしても「同火」には当たらず、禁忌の対象にはならない。だが、平蔵が「寒気強く」との理由で酒をせがんだことがきっかけであることを考えれば、あまりに不自然な説明である。それに、かくも周到に「同火」を避けていたのであれば、隣家の者が問題にすることもなかっただろう。また「掛けながし」の茶碗が普段から用意されているならば、古市では被差別民が日常的に飲食していたことが疑われてしまう。

神宮も三方会合も、こうした不自然さはまったく問題視しておらず、極めて調和的に話が収められている。暗黙の了解で、禁忌を免れるために事実が隠蔽されたとしか考えられない。神宮と住民組織が合意の上で、「同火」は「なかったこと」にされたのである。

だがこの一件は山田奉行所の知るところとなり、二日後の二月七日に両宮の長官名代が奉行所に呼び出される。奉行の用人は、「穢火の儀」は容易な問題ではないのに、神宮と三方会合・宇治会合との間のみで決着させたことに強い不快感を示す。禁忌に関する事項は、奉行所に申し出るべきだとするのである。取りあえず神宮側による決着を了承したが、当初から山田奉行所において吟味がなされたならば、異なる結論が出されたであろう。

両者の穢れに関する認識の相違は、④の文化九年（一八一二）に京都天部の者が参宮した事件ではさらに明確になる。この時は「穢多」身分の者が二見茶屋に止宿し「同火」したこともさることながら、参宮して神宮宮中に立ち入ったのではないか、という点が問題となった。京都から伊勢に訪れ充分な時間もあり、実際に参宮していた可能性が高い。

山田奉行はその場合の禁忌について、神宮に問い質す。両宮間の相談のなかで内宮は、「穢人」が宮中へ立ち入ったかどうかは判明しないし、たとえそうであっても立ち止まらずに通過しただけならば、「流水同様」の扱いで問題はない、との判断を示した。滞留する水と異なり流れる水では穢れは解消する、とされる。だが被差別民が立ち止まったか否かも、判定のしようがない。加えて内宮長官名代は、古記に類例がなく、当事者の申し出次第で重くも軽くもなる。できれば騒動を避け、穏やかに済ませたいと奉行所に訴えた。

内宮の「流水同様」という見解については、さすがに外宮側が異議を唱え、「宮中郭内」のことで通り抜けとするのはいかがか、と内宮側に申し入れた。今回の対応次第では、被差別民の参宮を公式に容認することになりかねないと危惧したのである。内宮側は、それならば古例に倣い「宮中洒掃」を提案し、典拠となる先例として『文保記』『永正記』中の記事を示しつつ、なおも、軽く済ますべきことを重く取り計らうのはいかがなものか、「祓清」などせずとも良かろうとの考えも示す。

四月四日に両宮長官名代は山田奉行所に出頭する。神宮側は天部の者が宮中へ立ち入ったか否かは不明であるとして押し切ろうとしたが、山田奉行は承知せず、立ち入った際の対応の準備を求める。五日に神宮は、京都の祭主に浄め祓いの儀式について尋ねるが、その翌日には山田奉行所から、当該の者が宮中への立ち入りを白状したとの情報を伝えられる。観念した神宮は、祭主の返事を待たず、四月七日に宮中清め祓いの儀を執り行った。

内宮と外宮とで多少意識の違いはあるのだが、神宮は基本的に、極力軽く、穏便に済ませたいという意向を隠さない。だが、被差別民の宮中への立ち入りという事実をうやむやに済ませようとした姿勢は、山田奉行により明確に否定された。

さて、山田奉行所が享和元年に初めて被差別民の「同火」を問題にしたのだとすれば、その時期に何か意味があるだろうか。この十年程前の寛政四年（一七九二）に山田奉行所は神宮に対し、古市町、中之地蔵町などの歓楽街で「同火」し、参宮することの是非を問うている。遊郭が並ぶ「悪所」は、穢れた地域との認識があったようだ。だが、遊郭・歓楽街たることは、神宮の穢れ観念からは特別な扱いとはならない。神宮は、両町とも宇治・山田市中一般と同様に禁忌の作法を守っており、区別はない旨を返答した。

山田奉行が神宮領の穢れの発生を問題にするのはこの時が初めてではないが、住民や参宮客の「同火」については十八世紀末、寛政年間頃になって問題とするようになり、その延長上に被差別民の「同火」一件があったようだ。前提として、住民の日常生活における身分差別を強要した、安永七年（一七七八）十月の幕府令があったことは想定できよう。

「鹿食」禁忌規定

被差別民の「同火」についての禁忌規定では、「穢多」身分の者は「鹿食」をするものだ、という説明が付されていた。「鹿食」を理由にすることの意味は何であろうか。また、「鹿食」による穢れの規定は、何を根拠とするものなのだろうか。

享和元年（一八〇一）に山田奉行から下問がなされた時、神宮内部では前例のない事態に対して、どのような規定を適用するかが議論された。そのなかで、鹿火＝鹿肉を食した場合と、死穢《しえ》の二つの穢れによる禁忌規定を検討し、前者を適用することになった。

「穢多」身分の者が肉食し、ゆえに「穢れ」ているというのは、当時の社会に見られる通念である。だが、実際に肉食をしたか否かは問題にされてはいない。また「非人」身分の同火事件についても、同じ規定の適用が前提となっている。「穢多」身分と肉食の穢れが一旦結び付けられると、基準となる先例として被差別民一般に援用されることになった。

ここで重要なことは、穢れに過敏な神宮世界において、「穢多」身分自体に対する独自の穢れ規定はなかった、という点である。むろんそれは、神宮が差別観念から自由であったということではない。神宮も「穢多」身分への差別を前提とし、その理屈付けを試みている。しかしその理屈付けは、肉食の穢れという誰もが罹りうる、そして一定期間後に解消される、一般的な穢れ観念の適用でしかなかった。神宮の規定において、人間に対する穢れとして適用が可能なのは肉食の穢れか死穢しかなく、被差別民が被差別民であるがゆえに穢れ視する理屈は、神宮世界には存在しなかったのである。

根本的には、神道の触穢体系自体が、身分存在としての穢れという観念とは無縁であった。神道における穢れの考え方は、いずれも「状態」としての穢れであり、それらは誰もが罹る可能性があり、そして期日が過ぎ作法を踏めば、平等に解消されるものなのである。

さて、肉食についての同火禁忌規定は、神宮の旧記を調べたものだという。神宮の触穢規定のいわばバイブルたる『文保記』『永正記』には、「猪鹿食禁忌」として、食べた当人は百日、同火人は二十一日、それと相火の者は七日の参宮停止、さらに同火の者は当日憚りとの規定が記される。日時を遡って穢れが伝染する「返り火」の観念も存在した。

被差別民に対する触穢規定として、すこぶる過酷で差別的に見えた条文も、すべては中世段階の肉食禁忌規定に依拠しており、それを越えるものではなかったのである。

「鹿食」禁忌の適用

被差別身分ではない一般の者が、実際に肉食した場合の対応を確認しておきたい。万治二年（一六五九）に、着任した山田奉行に同行して江戸からきた家臣が、以前に鹿食をしたがすでに九十六日を経過していたため、あと四日のことであるから、もう構わないだろうと考えて伊勢に着き、結果として穢れが及んでしまう。山田奉行はもちろん、同火で二十一日間の穢れとなった者が外宮長官家で夕食を取ったため、長官にまで穢れが及ぶという事態となった。山田奉行は着任直後に参宮するのが恒例であったが延期となり、公事訴訟の受付を先行させるという「珍事」となった。これ以外にも天和四年（一六八四）一月、宝暦十二年（一七六二）一月、寛政四年（一七九二）二月に類似した事例があり、いずれも四段階に展転する穢れに加え二日間遡る返り火の規定が認められ、竈を破却し器を七十五日間埋めるとの文言も見られる。以上の事例は享和元年（一八〇一）に被差別民の「同火」が禁忌対象となったことに先行し、「鹿食」の前例となった訳である。

「鹿食」の穢れは規定通りであり、被差別民の「同火」の時と変わるところがない。この規定は山田奉行も神宮長官にも、例外なく適用された。被差別民の場合、実際には「鹿食」なぞせずとも対象となるのであり、確かに差別的ではあるのだが、禁忌規定自体は身分差別とは無関係のものであった。

この後も、間違いなく被差別民の参宮は行われたであろう。公になれば市中に多大な影響が及ぶことは承知の上で、御師たちは諸国の被差別民の集落に御祓を配り、伊勢講を組織し続けた。神宮は、穢れの有無を「当人の心次第」とするような、多分に主観的な判定基準を取り、厳しい触穢規定を事実上空文化する方策を発達させていた。山田奉行など武家領主の政策とは異なり、伊勢神宮世界には被差別民を排除する志向はなかったのである。

仏教と参宮

神仏の習合と分離

神社世界では死の穢れを忌むため、葬儀を担う寺院、僧侶を基本的に忌避していた。世界の普遍宗教である仏教と日本の土俗的な基層信仰である神道は、仏教の伝来以来対立と共存の過程をたどり、神仏習合《しんぶつしゅうごう》という日本精神史の根幹が形作られる。仏教から影響を受けることで神道の教理が体系化され、仏教側も在来の神道を排除せず、本地垂迹説《ほんちすいじゃくせつ》に基づいて仏教の論理に神道を組み込みつつ、発展を遂げていった。

明治維新期の激しい神仏分離政策の前、江戸時代の社会は最も「神仏習合」が成熟した時代とされるが、しかし神と仏とが一体として認識されていた訳ではなく、政策面でも社会的にも、「神仏分離」の動きが徐々に進んでいた。そしてそれは、神道を「取り込んだ」仏教に対して、神道側が「自立」を遂げていく過程だったのである。

中世以来、伊勢神道（度会《わたらい》神道）の影響を受け、朝廷との関係も深い伊勢神宮世界では、最も純粋に仏教を排除したものと、理念的には考えられよう。だが、毎年全国から四、五十万人の参宮客が訪れる社会では、教学上で求められる仏教との厳しい峻別や、仏教的要素を排除することは、現実には難しかっただろうことも予測される。この地で江戸時代に仏教的要素がどれほど隔離され、あるいは容認・黙認されていたのか、その関係はいかなる力によってどのように変化し、近代の「神仏分離」を迎えることになったのだろうか。

仏教禁忌の規定

まず、中世に成立した神宮の穢れに関する基本法典である『文保記』『永正記』から、仏教に関する禁忌規定を見てみよう。『文保記』では冒頭で、神宮は天下の諸社とは異なり清浄さを旨とするゆえに「屏仏法息」（仏法の息をかくす）とし、「経教を感じ、僧尼を忌む」ことが謳われる。そして「太神宮参詣精進條々」の項に続いて、仏教禁忌の規定としてよく知られた「延喜式」以来の「内外七言」の忌み詞が挙げられる。「内七言」では「仏」を「中子」、「経」を「染紙」、「寺」を「瓦葺」、「僧」を「髪長」などと仏教に関わる語の置き換えが、そして「外七言」では「死」「病」「血」など死に関わる用語について、それに代わる詞が示されている。他の箇所では、「仏事」を務めた者や葬送に携わった者の参宮の制限が定められた。そして「宮中禁制物事」として、武具と共に「男女念珠。本尊持経」が二ノ鳥居より内側に入ることを禁じてもいる。

『文保記』において、仏教を忌避する原則が示されていることは間違いない。だが、死穢や服忌《ぶつき》、産穢《さんじょく》などの規定に比べ、仏教に関する項目は必ずしも多くはない。また仏事や仏具、葬儀に伴う規定はあっても、僧侶という人間を忌む具体的な規定は、ほとんど存在しないのである。忌み詞にしても、「実態」ではなく言葉の忌避に過ぎないとも言えよう。

十六世紀末に作られた『永正記』は、その内容の多くを『文保記』から踏襲しており、神事奉仕の場における仏教禁忌規定が新たに加わったのみである。いずれも神道主導の反本地垂迹説に立ってはいるが、神仏習合思想に強い影響を受けて作成されたものであったため、仏教禁忌という原則を掲げつつも、具体的な制限規定には乏しいのだ。ただし、「両太神宮役人等」は余社へ参ることを止めているが、「殊にもって熊野参詣堅く禁ず」と、わざわざ熊野参詣を特記して禁じている点には注目しておきたい。

山伏の御師

近世の伊勢神宮が、諸国から毎年多数の参宮客を集められたのは、神宮の神主としての属性を持ちつつ、諸国を檀那場として分け持ち、参宮を呼びかけた御師の働きによっていた。彼らは自宅を宿として提供し、神楽をあげさせ、参宮の案内を務めた。

ところが、江戸時代初期には、僧侶が神宮の御師を務めていた事例が見られるのである。慶安元年（一六四八）、外宮御師の三日市兵部が、宇治成願寺《じょうがんじ》の使僧、南覚坊という山伏を山田奉行所に訴えた。南覚坊は上野国で太神宮の御祓を賦り、三日市兵部の檀那を奪い取っていると抗議したのだ。先年もこの成願寺か内宮法楽社の「勧進山伏」が、出羽国の檀那場で同様の所業を働いたと訴える。

注目されるのは、三日市兵部が南覚坊を非難する根拠が、寛永十二年（一六三五）に徳川家光が将軍襲職時に発した朱印状文言、「古来相伝の旦那、才覚を以て奪い取るべからざること」への違反だとした点である。僧侶であることは問題にならず、他人の檀那場を荒らすことを禁じるという、御師同士の縄張り争いで持ち出される論理でしかないのだ。

山田奉行所から尋問を受けた宇治会合、三方会合の年寄も、成願寺など「内宮六ケ寺」が勧進する場合は「其の寺の札」で施物を受けるべきだとして三日市兵部の主張を擁護しつつも、彼ら僧侶が自分たちの檀那場へ神宮の御祓を賦ることは問題ない、としている。

ここで出る「六ケ寺」とは、成願寺以下風宮明慶院・水性山清水寺・明王院法楽舎・広厳寺・地蔵院の真言宗の寺々で、山伏の勧進活動によって維持される「穀屋寺」であった。

この争論はひとまず三日市兵部の主張が認められるが、承応三年（一六五四）には六ケ寺が諸国への自由な御祓配賦の権利を主張して、三方会合を相手取り、山田奉行所に訴えた。六ケ寺は、自分たちは内宮の「神宮寺」であり、古くから御祓を配賦して「神法楽の護摩供」を修め、天下国家の祈祷《きとう》をしてきたとし、これを差し止めようとする三方会合の動きこそ、「一向聞かざる新法」だと断じる。僧侶の立場で御師と同じ活動を行い、それを正当化することに何のためらいもない。これに対し三方会合側は、「神宮寺」との主張を否定し、山伏たちの出自を嘲り、彼らが勧進をするのは妻子や家来らを養うためだと難じる。だがこの時にも、六ケ寺が自分の「持分」で御祓を賦ることを否定してはいない。

十七世紀前半期に神宮の「御師職」は、神主たちによって独占されていた訳ではなかったのだ。中世以来、六ケ寺に属する山伏たちも神宮の御祓を賦り、御師としての活動を繰り広げた。そして彼らは、成願寺が宇治会合年寄家の太郎館大夫を名乗ったように、次第に「本当の」御師に転換していった。成願寺南覚坊を相手とする三日市兵部の訴訟は、御師同士の争いでもあったのである。そして神主たちは、僧侶による御師としての活動を否定する論理を持ち合わせていなかった。神宮神主と山伏との人格的な「神仏習合」は、相当に根深いものだったのである。

この対立は延宝三年（一六七五）九月に、山田奉行が「仏家」による御祓配賦を禁止したことで終結し、「寺院御師」はようやく消滅した。だが、以後も神宮神主らは、諸国を巡回する山伏たちに強い警戒心を持った。江戸時代の伊勢神宮世界では、熊野に対する強い拒否反応を示し続けたのだが、その背景に山伏らとの檀那場をめぐる争いがあったのではなかろうか。

さて、伊勢神宮世界における神主と僧侶との「人格的」神仏習合は、僧侶たちが御師としての活動を行うだけではない。少なくとも戦国期までは、仏教に帰依する神主が少なくなかった。歴史的に伊勢神宮では、諸社に先んじて「出家神主」が出現したのだという。ただし、職を辞した後に出家するという形ではあったのだが。

元禄三年（一六九〇）、京都の神宮祭主から、両宮神主の「爵を願う輩」で、近年みだりに落髪する者が多いことを咎める下知状《げちじょう》が出された。神宮中枢に位置した者たちですら、神主のままで仏門に入ることが可能だと認識されていたのだ。その影響か、享保年間には断髪を理由に神主を解任された事例をいくつか確認できる。

祭主はこれに先だって、寛永十八年（一六四一）四月には「僧尼俗人に寄らず、法躰の者」の神前参入を禁じた。僧侶や尼僧の参入制限は当然のことであろうが、僧尼か俗人かに関係なく、「法躰」＝僧侶の外見であれば僧尼と同様に扱われ、参宮が禁止されたのである。先の断髪、落髪を咎められた神主も、仏教への帰依自体ではなく、僧侶の格好となることが問題となったように思われる。ちなみに、松尾芭蕉や野呂元丈の事例が知られているが、俗人でも無髪であると僧侶と同様の扱いを受け、参宮が許されなかった。

神宮領の寺院と僧侶

神宮門前町の宇治・山田にも、多数の寺院が存在していた。宇治には寛永二十年（一六四三）に五十七か寺が、山田には寛文十年（一六七〇）段階に二百二十七か寺があったとされる。神仏習合の結果として神宮寺や法楽舎が中世段階に成立していたし、仏教を信仰した神主らの手により多くの氏寺が建立され、近世に引き継がれる。これらの寺院は、住持の入退院や建物修復時の届け出、儀礼上の義務などを通して山田奉行所の支配を受けていた。住民たちも檀家制度に組み込まれ、宇治・山田の町政機構を通して宗門人別改《しゅうもんにんべつあらた》めを受けた。例外的に、神宮長官になり得る家格の神宮家と宇治の年寄は宗門人別改めに代わる証文を山田奉行所に提出すれば済んだが、これは家格上の特権であり、彼らも檀那寺を持っており、死後は氏寺に葬られた。

僧侶たちも宇治・山田に居住する以上、一般住民と同様に神宮の触穢体系に従うことが求められた。山田の町では神主らが祭礼に参勤する際には、数日前から宿館の門外に「僧尼并重軽服不浄の輩入るべからず」と記された「忌札」を懸けるという習俗があった。僧尼は服中の者や「不浄之輩」と同列視され、忌避されたのである。

とはいえ、葬儀に携わる僧侶に対し、触穢規定が条文通りに適用されたとは考えにくい。嘉永六年（一八五三）、速懸《はやがけ》（神宮領特有の葬儀）を執り行う養徳寺の住職が、実母の忌中に「清火之忌と同火」したことが発覚し、神宮から咎められた。住職は「平僧とは違」うなどと抗うが、結局は神地の仕来り通り慎むべしとする神宮の要求を受け入れている。だがここで問題となったのは実母死去に伴う服忌中の同火なのであり、この特別な事情が殊更に問題視されているところからみれば、日常的には僧侶も宇治・山田の都市社会において、一般住民と「同火」していたのではなかろうか。

檀家制度に基づく正式な寺院の僧侶とは別に、前代の勧進聖から続くような存在も見られる。神宮に最も近い空間に位置する館町は特に清浄さが求められたはずだが、実際には「鉢坊主」が往き来し、仏像の札が貼られ、数珠《じゅず》が販売されてもいた。多くは神と仏との区別など頓着しない、諸国からの参宮客相手のことだっただろう。元禄十六年（一七〇三）に内宮ではこのことを問題視し、会合へ対応を求めている。

僧尼の参宮と僧尼拝所

仏教を忌避する規定からすれば、神宮神前への僧侶の立ち入りを拒むことは当然と言えよう。中世段階では内宮は二鳥居まで、外宮は「五百枝杉」という霊木のところまでで僧侶を留め、それより内への参入を拒んだ。俊乗坊重源《しゅんじょうぼうちょうげん》が東大寺大仏殿造営勧進のため伊勢神宮で大般若経《だいはんにゃきょう》の転読をしたことはよく知られているが、これも神前ではなく神主の氏寺で行われたのであり、重源の参宮は「密かに」行われた。

寛文九年（一六六九）、三方会合は神宮長官の要請を受けて、諸国からの参宮人で「僧尼法躰」の者が神前まで立ち入ることがないようにと、御師中に通達している。大名の参宮の供連れに「法躰」や巡礼の姿、また「根来法師」が入り交じるという状況があった。「遙拝」する場所として明確に「僧尼拝所」が設けられたのは、寛文十二年（一六七二）のことだと思われる。ただ、江戸時代を通して固定されていた訳ではなかったようだ。また、中世段階はもちろん、江戸時代に入っても、僧尼拝所を越えて僧侶が神前まで進むことは決して珍しくはなかった。

明暦四年（一六五八）二月、知恩院門跡《ちおんいんもんぜき》尊空法親王《そんくうほっしんのう》が参宮し、内院での参拝を望んだ。二鳥居外に伺候《しこう》していた「巫」は、僧尼は神前には参らないのが「二宮の法式」だとしながらも、法親王の意に任せる旨を告げた。結局この時は代拝することになり実現しなかったのだが、望みさえすれば法親王の神前参拝は可能であった。

寛文五年（一六六五）九月、知恩院の僧侶が参宮するが、神宮長官は宮中で念仏を一言も唱えないことを求める。問題は神前読経であって、参拝自体は許容されていた。元禄十六年（一七〇三）八月には加賀国の白山寺《はくさんじ》が、大坂で開帳を行った後、伊勢参宮を希望してきた。神宮と三方会合、山田奉行の間で協議がなされるが、「権現等の神輿」が宮中へ入ることは断固拒否する姿勢を取るものの、僧侶の「参宮までの儀」は問題ないという判断が示される。本地垂迹説に基づく「権現」は仏教的な要素であり、認められるものではなかった。また、仏像や仏教的要素など「異なる物」は拒否するものの、僧侶はさほど強い忌避はされていない。これは『文保記』『永正記』でも認められる特徴である。

有力な寺院、僧侶が例外として扱われたというだけでなく、実際には大半の僧侶が神前まで進んでいたものと思われる。後述するように、僧侶であっても法衣を脱ぎ、剃髪姿を改めれば、何も問題はなかった。実質的には、神前での読経や神輿など仏教的な用具の持ち込みが禁じられ、そして山伏の参宮が嫌忌されたくらいではなかっただろうか。

神宮世界では、中世以来の触穢規定を重視しつつも、社会の実態に合わせ柔軟に適用することで対応していた。神宮内部では、規定と実態の齟齬がさほど問題にされることもなかった。だが、仏教への禁忌についても、神宮外部から問題視されるようになっていく。十八世紀半ば頃に、ひとつの画期があったようだ。

僧侶の参宮問題

まず、僧侶の参宮について取り上げよう。式年遷宮《しきねんせんぐう》を翌年に控えた寛延元年（一七四八）八月、山田奉行の堀利庸は、神宮で最も重要な「三祭礼」（九月の神嘗祭《かんなめさい》と、六月、十二月の月次祭《つきなみさい》）の時に、群衆に紛れて僧尼が内院へ入っていることについて、神宮に問い質した。神宮側は、僧尼を忌むのは神宮の原則で、三祭礼時も排除したいのだが力が及ばない、と返答する。だが僧尼の内院参入がこれ以前に問題とされたことはなく、神宮も住民組織、そして歴代の山田奉行も、事実上黙認していたと思われる。元禄三年（一六九〇）に美濃国の者が著した道中案内記には、六月十六、十七日の祭礼時には「出家参宮御免あり」とあり、むしろ僧尼の参宮が公式に容認されていると理解されていた。人混みゆえに力及ばず押しとどめられない、というものではなかったのである。

どれほど現実と掛け離れていても、前代の「規定」を残し、それに依拠し続ける以上、「規定」に基づき外部から批判されれば、抗うことは難しい。山田奉行の堀の指摘は、まさに規定と現実のずれを問題視したものであった。彼により、原則の徹底が図られていく。戦国時代に遷宮復興に尽力した尼僧慶光院《けいこういん》は、その功績により子孫も内院参拝を許されてきたが、寛延二年（一七四九）遷宮時にはこの特権が停止された。また遷宮が行われる七日の間、市中寺院の梵鐘《ぼんしょう》の音が禁じられている。遷宮時の梵鐘停止は、以後も踏襲されることになる。

こうした動きは、決して堀利庸個人の資質に帰する問題ではなかった。寛保二年（一七四二）に堀の前任者の加藤明雅は、寺院参詣後の参宮について神宮に確認を行う。内宮では当日のみ憚り、外宮では仏参日から二日を空けねば参宮は不可との見解が示された（天保十一年［一八四〇］にも同様の返答をしている）。街道沿いの多くの寺院や神社を巡りながら伊勢に訪れる参宮客には、ほとんど現実離れした規定であるが、これとて特段に山田奉行からの問い合わせがなければ、神宮で問題にすることはなかったであろう。

山田奉行の政策として神仏分離の要素が確認できる最初は、寛文十年（一六七〇）十一月に外宮門前町の山田の火災後、宮域近くの百数十か寺を越坂の地などに移築させたことがあげられよう。度会郡野後《のじり》村に所在する内宮の別宮、瀧原宮《たきはらのみや》についても、元禄十年（一六九七）に宮山にあった法楽舎から出火した際、再建地について届を受けた山田奉行は、宮中近くに寺があることは不相応、との判断を示している。

このように僧侶の参宮を中心に、山田奉行の主導で「神仏分離」の動きは見られる。だが神宮側は、問われれば「分離」の意志を示すものの、積極的に推進する姿勢は薄かった。伊勢神宮の立場で、仏教の何を「神」と区別し、避けたのか。結論を先に言えば、仏教の教理や信仰の本質、僧侶・寺院など実態に関わるものではなく、「外観」こそが問題となった。つまり、内実はともあれ視覚上で仏教を感じさせることが忌避されたのである。言い換えれば、仏教世界の人でも物でも、外見が隠されれば許容された。神宮の禁忌規定で、経典や仏具は排除されても、僧侶に関する直接的な規定が少ないのはその表れである。

僧侶の参宮にしても、僧尼拝所より内側への参入は許されないのが原則であったが、外観を俗体に改めれば神前参拝も可能であった。神宮の門前町、館町では「附髪」（附髷）というものが販売されており、これを頭に着け、法衣を脱げば参宮が認められたのである。

「附髪」をまとう僧侶

文久三年（一八六三）に朝廷勅使《ちょくし》によって進められた神宮改革では、触穢制度の厳化が図られ、僧侶の参入についても宮中各所に高札を建てることで制限が徹底された。だが、そのなかでも「附髪」をすれば参入は可能だという点は確認されている。ただし「異形の附髪」は問題とされた。当時館町で販売された「附髪」は紙製の簡便なものだったようだが、羽織の紐で代用したり、奇抜な形を表したものもあった。

この視覚上の分離という点こそ、江戸時代の神と仏との関係の本質ではないだろうか。朝廷からの勅使（公卿勅使）が神宮に参向する際にも、道沿いにある石塔や寺、墓所など仏教的なものは白い布や葭簀《よしず》、菰《こも》などで隠された。このような措置をとったからといって、隠された下に「仏」があることは、誰の目にも明らかである。だが、視覚の上で一時的に見えなくすることこそが肝要であった。

聴覚の面でも同様のことが言える。先に寛延二年（一七四九）の遷宮時から寺の梵鐘を鳴らすことが禁じられたことを見たが、勅使参向の時にも同様の制限がなされた。

附髪、仏教的要素を隠すこと、梵鐘の停止、いずれも江戸時代に神と仏が共存する仕組みとして共通する性格がある。一時的に姿を替える（隠す）ことで仏の立場を離れ、終われば元に戻るのである。なおこれは、朝廷社会でも類似の対応が見られた。

参宮文化から見る神と仏

参宮客から見た神と仏についても、同様のことが言えそうだ。参宮を終えてそのまま故郷に戻る「伊勢切り」もあるが、大抵の者は伊勢から大和、大坂、京都などの神社仏閣を巡る旅を続ける。十八世紀末以降には金毘羅《こんぴら》参詣が一般化し、厳島神社《いつくしまじんじゃ》や出雲大社《いずもたいしゃ》まで足を伸ばす者も居た。旅中で神社のみ、寺院のみ参詣するなどということはなく、著名な神社・仏閣を参拝して廻る。参宮街道沿いでも、白子《しろこ》の観音寺や一身田《いっしんでん》の高田専修寺《たかだせんじゅじ》、津の観音寺などを詣でるのは定番であった。そして宇治・山田周辺でも、志摩国境に位置する朝熊ヶ岳《あさまがたけ》の金剛證寺《こんごうしょうじ》に詣でるのが通例である。そして旅人を駕籠に乗せ金剛證寺に案内するのは、ほかならぬ神宮の神主でもある御師たちであった。朝熊ヶ岳の途中には茶店があったが、その多くは御師の御用達しを務めていた。金剛證寺に参拝後は志摩の伊雑宮《いざわのみや》に詣でる場合や、改めて内宮・外宮に参拝することもある。先に寺院参詣後の参宮制限の規定を見たが、明らかに違反することを、御師が先導して行っていたのである。

旅人たちは札所寺院を巡る時に「納経帳」を持参し、金銭を納めて寺院から仏号・寺号と印を頂くことが広く行われた。現代では神社を中心に「御朱印帳」として、若い女性の間でブームになっているが、本来は書写した経典を寺院に奉納することに伴うもので、寺院側も印と共に「奉納経」などと記す。それなのに、この「納経帳」にしばしば神社が登場し、時に伊勢神宮すらも現れるのである。さすがに「奉納経」と記されることはなく、また神宮の公印ではなく内宮では法楽舎が、外宮では御師らが記しているのではあるが。著名な神社・仏閣の印を集めたいと願う、旅人たちの求めに応じたものであろう。

参宮後に上方に向かう経路は、初瀬《はせ》街道や和歌山街道など大和を経て大坂・京都に出るコースと、熊野街道を辿るコースに大別される。江戸時代の熊野街道は、熊野三山の参詣路というよりも、熊野那智大社《なちたいしゃ》に隣接する青岸渡寺《せいがんとじ》を第一番札所とする西国三十三所巡礼に赴く道であった。神宮参拝から観音仏を巡る仏教信仰へと転換する訳だが、大和越えとの分岐点である田丸の地が転換点であった。田丸の旅籠屋では、笈摺《おいずり》という白い薄衣と菅《すげ》笠《がさ》など巡礼装束を販売しており、参宮後に西国巡礼に赴く旅人はここで姿を替え、巡礼に「変身」して熊野街道を辿っていったのである。加えて、西国巡礼中は魚食を慎み、精進潔斎する。札所寺院の最後、三十三番の美濃国谷汲山華厳寺《たにぐみさんけごんじ》で笈摺を納め、本堂の柱にある「精進落とし」の青銅製の鯉に触れて精進を終える。

西国巡礼中に精進する旅人も、その前の伊勢では御師宅で豪勢な山海の珍味を楽しみ、そして結願後には華厳寺門前の店で精進落としの鮎などを食べる。つまり、旅の全体が仏道、精進の旅ではなく、空間と時間を区切った観音信仰、巡礼の旅なのであった。僧侶が附髪をして一時的に俗体になること、勅使の参向時に布などで暫時仏教的要素を隠し、梵鐘の音を停止することなどと、現象として共通すると言えるのではなかろうか。

文久三年の神宮改革

文久三年（一八六三）に朝廷が推進した神宮改革は、攘夷祈願を求める勅使を伊勢へ派遣することから始まった。山田奉行への薄礼化、御師の商業行為の否定、そして宇治・山田の地から仏教的要素を排除することに主眼が置かれている。この時の動きは、従来あった神と仏の判別、分離とは、何が異なるのであろうか。

文久三年七月に勅使から出された十二か条にわたる指示書のなかで、大祭時に寺院を覆い隠し梵鐘を停止するという、これまでも見られた規制に加え、平常でも御師宅や参道での仏家の鳴物や念仏が禁じられた。翌元治元年（一八六四）には、寺院を宮川より外へ退かせるという提案も出されている。それまでは時間によって区切られた規制に過ぎなかったものが、いまや仏教それ自体が否定されつつあった。ただし、速懸や僧尼拝所の問題など、総じて綱紀粛正を重んじ、本来の原則の遵守を求めたもので、この段階では神道式の葬礼が提案されたわけでも、附髪を着けた僧尼の参宮が否定されたわけでもなかった。

維新後の神仏分離

慶応三年（一八六七）十二月に王政復古《おうせいふっこ》の大号令が発せられ、その三か月後には「神仏混淆《こんこう》」を禁じた、いわゆる神仏分離令が出される。宇治・山田ではこの直後から廃仏毀釈の嵐が沸き起こり、祭主から過激な行為に及ばぬ様にとの通達が出されるほどであった。同年七月に度会府が設置され、仏教色をまとう地名や社名の改称、僧侶の還俗《げんぞく》（「復正」と表現された）が相次ぐことになる。そして、度会府知事として赴任した橋本実梁《はしもとさねやな》とその下で実権を振るった浦田長民《うらたながたみ》の主導で、仏教式の葬礼に代えて神葬祭での弔いが奨励されていく。住民がこぞって神葬祭に移行すれば、寺院の経済は成り立たない。江戸時代に宇治・山田にあった百六十一の寺院のうち、百四十六か寺が廃寺に追い込まれる事態となった。

文久三年改革時には、市中の寺院や僧侶の活動に制限が加えられたとはいえ、大祭時に一時的に寺院を覆い隠し、梵鐘の音が一定期間停止される程度にとどまっていた。だが明治二年（一八六九）の明治天皇参宮時には、参道にある仏閣仏像などをことごとく取り払うこと、市中で仏書や仏具などの商売を禁止することが度会府から布告され、時間・空間を問わず、仏教的要素、その存在自体が否定されるに至っている。その後、寺院側の運動により一部は残され、また触穢制度の廃止により僧尼の参宮は容認されるのだが、宇治・山田の仏教勢力は、明治維新後の政策によって、決定的に大きな傷を負ったのである。

神宮領の「清浄さ」のしくみ

前章では、伊勢の地には異質と思われる被差別民が、参宮文化のなかにおいて必ずしも排除されず、むしろその欠くことのできない要素すら構成していたこと、そして死穢《しえ》を取り扱うことで忌避されたはずの仏教も受け容れる、柔軟なシステムが存在していたことを見た。本章では、宇治・山田の住民とその組織に焦点をあて、「神宮領」の住民たちが囚われた観念世界とその変容過程から、この地域の特性を見ていきたい。

近世の伊勢の地では、火事や洪水などによる災害死はもちろん、通常の死についても、ケガレを避けるための方策、作法が発達し、そしてそれらは、社会の実態に合わせて徐々に変容していく。動物、とりわけ犬に対する禁忌は、生類憐れみ令など領主政策の影響も受けることになった。

「死穢」の判定

神宮領における遍満の触穢

神道が忌避するケガレの中核は、死の穢である。これは死体が腐乱して細菌やウイルス等が人体に影響を及ぼすといった実質を伴う問題ではなく、あくまで観念の世界での話である。死穢を負った者は、清浄であるべき神、神社を「けがさぬ」ように、接触を慎むことが求められた。今でも近親者を喪った者が、一定期間を「忌み」として神事に参加しないことがあるが、意識としては共通しているだろう。だが、江戸時代の神宮領では、血縁・親族関係のみならず、直接の接触や一定の空間を共にすること、また同じ火で調理した物を食することなどで死穢が伝染したと認定され、行事や行動に規制が加えられた。特に火はケガレを伝える力が強く、焼死者の発生は「遍満《へんまん》の触穢《しょくえ》」といって、神宮や周辺農村を含む神宮領全域にケガレが広まったとされ、一定期間（原則は三十日だが、七日とすることが多い）、種々の行動制限が強いられた。

明和七年（一七七〇）六月二十四日、宇治の下中之地蔵町《しもなかのじぞう》の失火により茶屋女一人が焼死した際の例を見てみよう。翌二十五日に神宮領内が七日間の「触穢」になったとして、神宮から対応すべき事柄が公示された。まず、日々の御饌《みけ》調進を含むすべての神事が中断され、幕府や朝廷から求められた祈祷もこの間は務めない。宮中に伺候《しこう》する神主全員が宿館に参籠して警護にあたり、食事も決められた場所で取り、飲酒は禁じられる。

参宮客にも影響が及んだ。伊勢講の組織に基づいて諸国から訪れた彼らは、神楽を奉納して神に祈願することが重要な目的であった。伊勢神宮は私幣《しへい》禁断といって、庶民の祈願を直接受け付けるところではないため、当時は神主たる御師の家で参宮客の願いを取り次ぐ形で、大小の神楽が執り行われた。だが、「触穢」の間はこれが中止となったのである。そして、神宮の参拝にも制限が加えられた。普段は立ち入ることができる内院に注連縄《しめなわ》が張り巡らされ、その前に「札」が掲げられ、そこで参拝させたのである。

遠国から数か月を掛け、一生に一度の念願で訪れた参宮客が、いざ伊勢に着いたら神殿近くまで詣でられず、神楽もあげられないとなれば、大いに不満が残ることとなろう。そしてこのような行動規制は、宇治・山田の社会の成り立ちにも関わる問題であった。

住民たちにも、生活上の規制が加えられた。寛文元年（一六六一）十二月二十七日に、外宮領農村の馬瀬《まぜ》村での火災により馬が焼死したとして、翌年一月三日まで七日間の「触穢」となり、「元日之祭祀」をはじめ年始の儀礼がことごとく延期となった。この時、正月に備えて搗《つ》いていた餅の食し方が問題となる。十二月二十七日の馬の焼死で「触穢」となった時点で、市中全体の「火」が穢れてしまうからである。穢れ発生時点より後に搗いた餅は「穢火」が及ぶため、七日間の「触穢」期間中に食べ尽くすべきで、一方、発生以前の餅は蒸し物であっても「触穢」明けまでは食べてはならない旨が触れられた。

生活上の規制

期間が終わると、各家で「火替《ひがえ》」と「潔斎《けっさい》」を行うことになる。竈の火を完全に消して灰もすべて廃棄し、新たに火を熾《おこ》すことが「火替」である。なお、火元では「焼亡の触穢」という規定により、焼けた瓦や釘、鍋などは、土のなかに一定期間埋めた後でなければ、再利用することが許されなかった。火を使うためか、「触穢」期間中には灸治《きゅうじ》が禁止されており、詳細は不明だが外出規制や漁獲の制限なども加えられたと思われる。

宇治・山田で生じたすべての死についてこのような対応が取られたら、生活が成り立たない。病気による自然死は、次節で紹介する通り速懸《はやがけ》という作法により死穢を避けた。葬儀は行わず、死んでいることは皆が承知の上で、まだ生きていることにして墓へ送り、埋葬するのである。神宮領の住民だけでなく参宮客や、江戸から赴任した山田奉行らの死も、速懸によって処理された。こうすれば、死穢の遍満は防ぐことができるのだ。死穢の禁忌規定を逃れるための一種の方便であり、中世社会から行われてきた。

遍満の触穢の事例

では、どのような死が遍満の触穢となってしまうのだろうか。天和三年（一六八三）六月に、幕府の求めに応じて神宮でまとめた服忌《ぶっき》令《れい》には、三つの事例があげられている。まず、神宮の宮域内で変死体が発見された場合。骨の一部や動物の死体についても、程度を減じて適用される。次に、在家で発生した死について、すみやかに速懸を行わず死体を一昼夜放置すると、遍満の触穢となる。言い換えれば、死体を翌日以降まで持ち越さなければ大丈夫だ、ということである。

外宮の権祢宜《ごんねぎ》で漢学者でもある亀田末雅が著した『今世触穢弁』では、この天和服忌令の規定を念頭に、寛永十九年（一六四二）に山田の上之久保町において、自殺死体を三日を経て葬礼を行ったために「触穢」となったことを述べ、「当代京都遍満の触穢も此形ならん」と注記している。「当代京都遍満の触穢」とは、天皇やその家族の死に際して、中世以来京都の朝廷から畿内近国の寺社、伊勢神宮にも伝達された天下触穢令のことを指す。江戸時代にも同様に発令されたのだが、右の記述を見ると、当時の神主たちにとって、天皇を含め為政者らの死が特別に強い穢れを生じ、遍満するという観念はなかったようだ。

宇治・山田の住民の死体も天皇の死体も、遍満の触穢を招くのは一昼夜以上放置すればこそであり、それ以上の理由はないのである。

さて、三つめには、神宮領内で火災により焼死者が出た場合である。人間に限らず牛馬でも同様で、両宮と神宮領内は七日間、焼死の発生した地は百日の「触穢」が及ぶ。

表1に、神宮領で発生した遍満の触穢の事例をまとめてみた。先例を重んじる神宮においては、非日常的な事件が発生すると過去の同様の事例を参照して対応するのが常である。特に穢れの問題については、儀礼や神事を研究する神主らにより、先例が集められてもいた。この表は、近世の宇治・山田における遍満の触穢の事例を網羅していると断言する自信はないが、ほぼ大勢は反映しているはずである。

表で時期的な変化を見ると、十七世紀中には変死体の発生・発見や、周辺農村部を含めての人馬の焼死によって、しばしば触穢令が発令されていたことがわかる。期間は規定では火元は百日、神宮領全体は七日だが、山田で焼死者が出た場合には山田の町全体が三十日の「触穢」となることもあった。一方、十八世紀以降には周辺農村での死を原因とする事例は消滅し、「触穢」の事例自体が大きく減少している。それまで遍満の触穢となっていた事象が、適用されなくなったようなのだが、その転換について見ていこう。

表1　触穢事例一覧

年月日	原因	詳細	場所	出典
慶長五年(一六〇〇)九月	合戦焼死牛馬	中嶋北孫右衛門処岩手稲葉蔵人押寄合戦、首取、牛馬焼死、七日穢	中嶋北孫右衛門処	『神宮編年記(外宮)』文化七年二月十八日条
元和六年(一六二〇)三月二日	?	内宮七日触穢	?	『禁忌集唾』
元和九年(一六二三)九月十四日	変死	赤子を藤社に棄、死。両宮共触穢七日	藤社	『禁忌集唾』
寛永六年(一六二九)十一月五日	死体	有爾百姓、死人を持、宮川を超、常晨長官門前へ。両宮領七日触穢	外宮長官宅	『禁忌集唾』
寛永十九年(一六四二)一月九日	変死	縊死もの有之、三日を経て葬礼、触穢	山田・上之久保町	『今世触穢弁』『死穢愚考』
正保二年(一六四五)九月二十七日	焼死	焼死、町内三十日、山田中七日穢	山田・曽根檜皮世古	『禁忌集唾』
正保四年(一六四七)二月十三日	焼死馬	馬焼死、触穢	二見三津村	『神宮編年記』元禄四年二月二十六日条
同　六月四日	変死	子良館で老婢が井に落ち死、七日触穢	外宮子良館	『神宮編年記(外宮)』文化七年二月十八日条
慶安元年(一六四八)	焼死	茶屋ニ而人焼死、触穢	朝熊村	『神宮編年記』元禄四年二月二十六日条
慶安五年(一六五二)六月二十五日	焼死	火事、人焼死　火元百日、郷八廿一日触穢	二見溝口村	『神宮編年記』
万治元年(一六五八)閏十二月二十九日	焼死馬	住人彦五郎家屋失火、馬焼死、両宮七日触穢	中村	『神宮編年記』

万治三年（一六六〇）八月一日	溺死	七月二十九日宇治洪水、流死者百人余、七日触穢	宇治	『日記摘要』
寛文元年（一六六一）十二月二十七日	焼死馬	失火馬死、七日触穢	馬瀬村	『日記摘要』『禁忌集唾』『宇治山田市史資料』
寛文五年（一六六五）四月四日	焼死	失火、人馬焼死、七日触穢	通村	『日記摘要』
寛文九年（一六六九）閏十月二日	焼死	今朝火事、火本死人有、七日触穢	山田・下之久保	『神宮編年記』『神都雑事記』
寛文十年（一六七〇）十一月二十四日	焼死	大火焼死有。外宮領三十日、内宮領七日触穢	山田	『神宮編年記』明和元年十二月二十日条、『禁忌集唾』
寛文十二年（一六七二）二月二十日	焼死	昨日山田火事、両宮触穢七日	山田・下中郷町より上久保	『日記摘要』『神宮編年記』宝永三年十一月二十九日条
延宝元年（一六七三）十二月十四日	焼死	山田火事、両宮触穢七日	山田・大間広から下馬所町	『禁忌集唾』『神宮編年記』宝永三年十一月二十九日条
延宝三年（一六七五）五月八日	変死	外宮月読宮地、餓死有之、両宮七日触穢	山田（月読地）	『神宮編年記』『禁忌集唾』
元禄四年（一六九一）二月二十六日	焼死	失火、焼死有、両宮七日触穢	二見西村	『神宮編年記』
宝永三年（一七〇六）十一月四日	焼死	山田出火、焼死。外宮三十日、内宮七日触穢	山田中嶋町	『神宮編年記』
明和元年（一七六四）十二月二十日	焼死	山田大火、外宮三十日、内宮七日触穢	山田	『神宮編年記』
明和七年（一七七〇）六月二十五日	焼死	昨夜失火、焼死人。両宮触穢七日	宇治下中之地蔵町	『神宮編年記』
明治二年（一八六九）十一月二十九日	変死	出火、大杉転倒、役夫圧死。触穢三十日	外宮宮中	『宇治山田市史資料』『大神宮故事類纂』

触穢適用への異論

「触穢」の適用について、最初に異論が出されたのは元禄四年（一六九一）のことだと思われる。宇治・山田の東北、五十鈴川《いすずがわ》を挟んだ対岸の二見《ふたみ》・西村で二月二十六日に火災があり、人が焼死した。二見の地は古くは神宮領であり、近世初頭に一時鳥羽藩領となるが、寛永十八年（一六四一）に神宮領に復する。西村は外宮領と内宮領に分かれるが、行政的には宇治・山田の周辺農村と変わらない。西村は外宮領であり、この焼死の発生に伴い先例に依り七日間の「触穢」となる旨が、外宮から内宮に伝えられた。

だが同じ日に、外宮長官の役人と、大物忌という神主で触穢制度の研究でも知られる黒《くろ》瀬《せ》益弘《ますひろ》が、内宮へ相談にやってきた。「遍満の触穢」により参宮人の参拝が制限されることについて、山田奉行から不満が示されたのである。当時の山田奉行、岡部駿河守勝重は、宇治・山田とは五十鈴川で隔てられ、船で行き来する二見での焼死でなぜ参宮が制限されるのか心得がたい、と述べたようだ。翌日、山田奉行所に出頭した神主らは、先例に基づいて「触穢」となったことを説明するが、岡部は二見の地理的条件を指摘した上、穢れの忌みは「甲乙丙」があり、「深浅厚薄」をつけなくては叶わないではないか、とたたみかける。重要な点は、彼がこのように主張する理由は、「遠国の参宮人、神拝もこれなく帰りそうろう段は本意なきこと」と、参宮客への配慮を掲げていることである。

山田奉行から詰め寄られた神宮側の返答が、実に興味深い。まず、「御意」はもっともなことで、神宮はもちろん町々も、「触穢」のことでは難儀している。特に、参宮人を神宮の奥へ通すことができないのは、本意ではない。何とかしたいものだが、前々からのしきたりであり、今さら何ともしようがない、と。さらに、穢れが発生する焼死については、次のように説明する。もし火元に「心得たる」者、すなわち機転が利く者が居て、火事の被害に遭った者がまだ息のあるうちに外へ引き出せば、問題はなかった。事件の報告の仕方次第で、穢れに掛かることと掛からないことがあるのだ、と。

触穢回避の便法

これが、焼死に伴う「触穢」を免れる便法、コツであった。焼け死ぬ前、息のある内に火事場から引き出せば、穢れは広まらない。その後に死亡しても、速懸で処理すれば良いのである。しかもそれは、その場に居合わせた者の申告次第という訳である。

実際に、そうした先例がある。延宝八年（一六八〇）一月十八日に、宇治・上中之地蔵新屋敷の玄竹後家の家から出火し、盲目の後家と五、六歳の娘が焼死してしまった。この時、近所の五七という者が二人を火中から引き出したが、倒れてきた壁に打たれて二人とも死んでしまったという。五七は、二人を引き出す時に「確かにことばを合わせそうろう」と証言した。後家と娘はまだ生きていて、焼死ではないことを強調したのだ。

事実のほどは分からない。いや、実際には焼死だが、穢れを避けるために「心得たる」五七がこのように届け出たと考える方が自然であろう。その申し出を受けて町年寄は「触穢」にはならないと解釈し、内宮の神主機構も了承して山田奉行にも届けたという。

問題視されるのは、火と死との直接の因果関係であり、死それ自体ではない。たとえ火に焼かれたことが死因となっても、その場から引き出した際にまだ存命であったなら、火は「穢れ」ることなく、「触穢」にはならないのである。

神宮が山田奉行に示した見解によれば、事実がどうであれ、火元に居合わせた者の申し出次第で穢れ発生の有無が決まる。焼死との届け出があれば、規定や先例に基づき「触穢」を発令せざるを得ないが、機転が利く者が上手に報告すれば済む話なのであった。

神宮に異論を唱えた山田奉行のみならず、神宮も宇治・山田の住民も、「触穢」となることを望んではいない。しかし、先例遵守を行動基準とする神宮世界では、現実社会でどんなに障害となろうとも、独自に規定を変更することは難しかった。この時、参宮客への配慮を理由に山田奉行から異議が出されることで「触穢」の適用軽減に「お墨付き」を得たことは、その後の焼死事件に際して小さくない影響が及んだことであろう。延宝八年の上中之地蔵新屋敷出火一件の事例にしても、十七世紀末には既に、穢れ回避のための方法が、ある程度住民たちの間にも定着しつつあったことを推測させる。十八世紀以降に火災時の遍満の触穢が激減する要因は、間違いなくここにあった。

溺死による触穢

水害による溺死も、「触穢」の要因となった。天和三年（一六八三）七月に五十鈴川が氾濫した時には、宇治の町で二百四十戸が流失するとともに百五十人が溺死したため、七日間の「触穢」が命じられている。十八世紀半ばの寛保元年（一七四二）七月二十二日から翌日にかけて、今度は宮川の川堤が四〇〇メートル近くにわたって切れ、山田の町に水が流れ込み、四十八人が溺死するなどの被害が生じた。だが、この時には慎重に「触穢」が回避されたようである。内宮と外宮との間でやりとりされた記録を見てみよう。

洪水発生の二日後の七月二十四日、内宮の長官名代の薗田尚膳から外宮九祢宜の桧垣常倚に対して、見舞いがてらの書状が送られた。外宮領山田の町で百人ばかりも流死したとの「風聞」に接し、もしや「触穢」にならないだろうかとの懸念を伝えたものである。この問題は表立って意見を交わすことではないが、万一間違いが生じてはいけないので「密々に」問い合わせる、とした。追記（尚々書）では、流死の者は風聞の通りではないと思うが、「風聞心ならず」ゆえに、内々で尋ねるのだ、としている。桧垣からはその日のうちに返信が届くが、多数の流死者について、次のような説明がなされた。すなわち、（流水で）「死に切」った者はおらず、「取り上げ」た上で死んだ者はいる。とかく今は、厳密な詮索には及ばない。「触穢」は容易に判断し難いことで、外宮でも「密々につぶやき」をしているが、ともかくも両宮で申し合わせて溺死者の発生という事実を伏せ、「沙汰なし」となることを願っている、と。

内宮も外宮も、「触穢」となっては厄介だ、という感覚を共有している。ではなぜ、互いに奥歯に物が挟まったような表現でやりとりをしているのだろうか。薗田からの再度の書状では、慎重に対処したいとの点は同意しつつ、桧垣の見解に対し、水害を見聞した「諸人」から後日に伝わる噂、情報への懸念を伝える。神宮が「触穢」の判断をおろそかにし、「神慮」を軽んじたように受け止められることを恐れているのである。

住民組織の情報

さて、内宮と外宮の神主同士だけでなく、両宮はそれぞれの門前町の住民組織とも情報を交換していた。外宮は溺死者について二十四日に三方会合《さんぽうかいごう》に問い合わせたところ、「いずれも昨日限りに取りしまい、一日を過ぎ申さず」という返答があった。つまり、一般の自然死の場合と同様に、速懸の作法で葬ったということであろう。外宮では、それならば「触穢」の沙汰には及ばないと判断し、内宮側に伝えている。

宇治の住民組織、宇治会合からは、災害発生後七日が経った二十九日になって、内宮長官機構に山田での洪水に関する情報が届けられた。それによれば、山田の町では洪水によって流死した者を「日々掘り出し候由」で、ゆえに明後日の八朔《はっさく》（八月朔日）に備えて、町々在々に至るまで「火替」を申し渡した、という。

内宮長官機構は、さぞあわてたことであろう。「火替」を実施すれば、溺死による「遍満の触穢」の発生を認めたことになってしまう。だが、それを判断する権限は神宮にあり、住民組織にはない。内宮では宇治会合に対して、山田の町では溺死者を速やかに（一昼夜を置かず）片付けたと聞いている。いまだに「日々掘り出し」とあっては、「触穢」の沙汰に及んでしまう。これは極めて重要な点であり、住民への申し渡しには留意されたい、と伝えた。これに対して、十分検討した上で、こと難しくは触れない旨の返答が来た。火替の指示は撤回されたものと思われる。

状況から判断すれば、この時の洪水で溺死者が出て、数日経っても死体を「日々掘り出」していたことは確実で、ほぼ間違いなく「遍満の触穢」となる状況であった。だが、外宮も内宮も、そして住民組織も、苦し紛れにも見える弁解、解釈を共有することにより、災害による死を「なかったこと」にして、「遍満の触穢」を回避したのである。

「触穢」を避ける手段には、死の「解釈」により「なかったこと」にする以外に、空間を区分する方法もあった。先に、「触穢」に際し神宮では、内院への参宮客の参入を押しとどめるため注連縄を張り巡らせたことを見た。縄は穢と浄とを分け、穢れが浄い空間に及ぶことを防ぐ機能を持っていた。人や牛馬の変死があっても、「穢気」が広まらないようにその周囲に注連縄を張れば良い。寛政七年（一七九五）には山田の町に対して、不慮の死が発生した際はその地に「不浄除」の縄張りをするか、「溝形」を付けて範囲を区分すれば、死穢の伝染を防ぐことができる旨が伝達された。

触穢適用の変化

江戸時代前期、伊勢では「触穢」の適用を限定するために、様々な方策が採られていた。その画期と主体を整理してみよう。寛政五年（一七九三）に内宮領で行き倒れ人が見つかり、宇治会合の役人が内宮のもとに訪れ相談した際、「桑山殿」の時代から「触穢」の取り計らいが軽くなった、と指摘している。桑山殿とは寛文六年（一六六六）から貞享元年（一六八四）まで山田奉行を務めた桑山貞政で、二見・西村での焼死による「触穢」に異議を挟んだ岡部勝重の前任にあたる。先に掲げた一覧表（表1）を見ても、桑山在任中の延宝三年（一六七五）年以降には触穢令はしばらく出されず、岡部の代になって元禄四年（一六九一）の事例は、十六年ぶりのことであった。一七世紀後半期に山田奉行が主導する形で、「触穢」の適用を軽くするようになった可能性が高い。

国学者の足代弘訓《あじろひろのり》は、宮山領で自殺など変死体があった時に、まだ息があるとして宮外へ出し「触穢」を避けることは、宝暦年中（十八世紀半ば）に始まる、と指摘している

（彼はこれを「本法に違ふなり」と不満を記すのだが）。

諸国からの参宮客に配慮した山田奉行に主導されつつも、「触穢」が頻繁に発生しては社会活動の妨げになるとの意識から、神宮内部でも、住民組織の間でも、極力それを軽減させる志向が高まっていた。十七世紀後半から十八世紀にかけて、届け出の作法や解釈、制度の明示等により、遍満の触穢の発生は激減していったのである。

それにしても、当時の伊勢に生きた人びとの誰もが厄介なものと認識しているのに、なぜ触穢制度自体が一掃されないのだろうか。神主たちのみならず住民たちの行動を拘束し、穢れを避けるために明らかな詭弁《きべん》を弄さねばならなかったのは、なぜであろうか。

触穢の判定の権限

何が「触穢」となるのか、その軽重を含め、判断の最終決定権は、神宮長官にある。長官は中世以来の穢れに関する基本法典『文保記』『永正記』、それに服忌令や先例などを勘案し、長官の母体となる十人の神主との衆議を経て、内宮と外宮と長官同士で連絡を取り合い、最終的な結論を下す。だが神主たち自身が認めているように「触穢」の判定は難しく、状況への認識に左右されることが少なくなかった。

神宮社会には、中核となる長官ら十人の神主とは別体系の神主が多数いた。「子良」「物忌」と呼ばれた神主は、「地下権任」として長官にはなり得ない家格であるが、日々忌み慎み、御饌を神に献じることを本務としたため、「触穢」の問題には詳しかった。

古骨一件と物忌

文化六年(一八〇九)年五月十五日に、宮山領内の神山南小谷というところで白骨体が発見された。この対応をめぐり、長官が下した「触穢」の判定に物忌らが異議を唱え、朝廷機構をも巻き込んだ激しい論争が繰り広げられた。

白骨体はシダが生い茂ったなかで見つかったが、近くには古い着物が入った風呂敷包みも捨てられていた。届けを受けた外宮長官らは、これを「血気等無之古骨」ととらえ、「触穢」には及ばないと判定し、六月八日には京都の祭主にも報告している。

おりしもこの年は、二十年に一度の遷宮《せんぐう》を九月に控えていた。それが無事に済んだ後、十一月になって、子良・物忌中十四名が、問題の死体は「古骨」などではなく穢れを伴うものだったとして祭主藤波氏に対し訴えを起こした(遷宮が終わるまでは、訴訟は押しとどめられていたらしい)。物忌らによれば、死体は確かに血色こそないが、すこぶる「臭気」があり、髑髏が付いていることからも、「五体不具」の死体の穢れを適用すべきだと主張した。そして、本来穢れが発生しているのに、「汚穢の意」を抱えて心中穏やかならぬなかで御饌を調進することは恐怖に堪えない、と主張する。

祭主の吟味と世間の風説

祭主側の吟味において長官側は、本当にそうならば職を辞すればよい、この間朝夕の御饌を調進し続け、特に九月の遷宮の節に物忌らは「昇殿の重務」を担っている。それこそ「神慮冥罰」に当たるではないか、と激しく非難する。「古骨」と認定した長官の判断が不当であったならば、まず長官らに神罰が下るだろう。だが去年五月以来の遷宮諸行事や通常の祭祀は無事に遂行され、遷宮の大礼当日は天気も快晴で、先の遷宮時よりも穏やかに遷御《せんぎょ》を遂げたではないか、と反駁した。物忌らは、神明の祟りは一年も経たずに有無を言うことなどできない、私たちが辞職したら古来伝授の知識を誰が受け継ぐのか、と反論を加える。神主同士の生々しい言い争いである。

さて、物忌らが「古骨」の発見から半年も過ぎて、執拗に訴えたのには訳があった。彼らは長官らの「触穢」の判定が未熟で粗忽だとし、以後は協議の場に物忌を加えることを要求したのである。要は、神宮世界における彼らの位置づけが問題なのであった。

最終的に文化七年（一八一〇）七月二十四日に京都の藤波氏邸において、長官側の不注意が難じられ、神宮諸殿の「祓清」が命じられた。事実の認定については、物忌らの勝利といえよう。だが「触穢」の判定に関与する資格は、認められなかったようだ。

長官や神主中も、問題の死体が穢れを伴う可能性が高いことは、認識していたであろう。

この事件は、山田奉行と同様に参宮客への配慮など現実的課題を抱える長官らと、儀礼の中核を担い古典古儀を考究し、ペダンチックな世界に生きる物忌らとの対立であり、表向きの議論になれば、物事を厳密に解釈する方が有利であることは否めない。

当初、物忌らが訴えた時、祭主側は穏やかに事を済まそうという姿勢であった。だが物忌らが「近国近者道路の風説」を無視できないと主張することで、双方を召し寄せての吟味がなされることになった。長官側は、「風説世評」を取り上げて異論を挟むのは「未練の至り」で、それに左右されるのは判断が未熟の極みであると突っぱねる。物忌への対抗上、このように主張せざるを得なかったのだが、彼らも世間の風聞の重みは承知していた。寛保元年（一七四一）の山田での大洪水に際して、長官らは溺死者が多数出た事実を認識しつつも、「触穢」を避けるべく慎重に協議を重ねた。この時も、実際に見聞した人びとの後日の取り沙汰、「風聞」に留意すべきことが、意識されたのである。

宇治・山田の地が、神主や住民たちのみで完結する社会であれば、「清浄」なる空間を守るために、ここまで頭を悩ますことはなかっただろう。だがこの地は、外から常に注視される世界であった。神宮領が神宮領たるゆえんは、他の世俗社会とは異なり、「清浄」であるとのイメージにあった。参宮客ら外部の人間に対して、穢れ観念をないがしろにしている印象を与えることは、「神宮領」の自己規定を揺るがしかねなかったのである。

「なかったこと」にされる死——速懸

速懸とは何か

江戸時代の宇治・山田及び周辺農村で発生した死は、寺院での葬式を執り行うことなく、「速懸」という中世以来の作法で墓地に葬られた。穢れを強く忌む神宮領では、清浄さを維持するために死は「なかったこと」にされる。死に接した親族らは「病気大切に及ぶ」、つまりまだ重病であるとして直ちに墓地へ運び、埋葬した後に死んだと認定したのである。諸国からの参宮客や山田奉行など、一時的にこの地に来ていた者の客死も同様である。伊勢神宮の神馬ですら「病気大切」と表現され、墓に送られた。

葬式も出さず、タテマエにせよまだ「生きている」うちに墓に埋めるなどというのは残酷さを感じてしまうが、それだけ神宮や神宮領の清浄さ、「聖地」たる地域特性を際立たせる制度でもあった。大西源一氏は、速懸について解説を加えた後、「かくして神都の地に於いては、死と云うことはなかった」と誇らしげに記している。

だが、その清浄さはものごとの半面に過ぎない。清浄さを支える穢れ、聖のなかの賤があり、それぞれの織りなすところに、神宮領の実態がある。そもそも速懸という作法自体が一種の便法であり、神社古来の触穢規定に背くものであった。速懸の成立は十四世紀に遡るが、同じ頃に成立した触穢制度に関する基本法典『文保記』では、速懸について「説くべからず」と否定的な評価を下している。清浄さを重んじるということは、穢れを避ければ良いというのではなく、穢れの発生を重く受け止め、怖れ、慎まねばならない。それを忌避するために姑息な手段を執るのは間違いだ、という見解である。穢れを避け清浄さを求める意識の強さが、速懸に直結している訳ではないのだ。

速懸が採られるようになったのは、中世段階ですでに、閉ざされた神社世界の規定がそのままでは通用しなくなるほどに、住民社会が成立していたためであった。参宮文化の盛行により、中世段階とは比べものにならないほど社会が成熟した時代において、神道の本来の規定と現実生活との折り合いを付けるのは、極めて難しい課題となる。

寺檀《じだん》制度の整備による影響もあった。神宮領の一般住民はもちろん、神主たちも檀那寺《だんなでら》を持ち、その墓地に埋葬された。祖先祭祀の意識が高まれば、親の死すら葬儀を忌み避ける速懸の作法にも、変化が生じることが予想される。また、速懸は死穢を避けるための作法だが、同時にこれは、最終的に死穢を引き受ける人間を必要としていた。

本葬礼の穢れ規定

速懸の実態を検討する前に、通常の葬儀を行った場合の触穢規定を確認しておきたい。天和三年（一六八三）六月、幕府の求めに応じて神宮では服忌令をまとめ、提出している。その一か条には、次の条項が見える。

一、葬送
　葬礼役人等百ケ日穢、従葬者一七ケ日穢人、葬家之人三ケ日穢、於外宮有此法、於内宮近代無此法

葬儀を務めた役人は百日間の穢れとなり、それに従った者は七日間、葬家の人間は三日間と規定されている。外宮ではこの法があり、内宮では近年はないという末尾の注記は、後に検討しよう。

江戸時代中の規定において穢れの期間は、必ずしも一定していない。享保六年（一七二一）に宮川より外の紀州藩田丸《たまる》領度会《わたらい》郡棚橋《たなはし》村（現三重県度会町）で、住民らの信仰の篤かった山田常磐町の梅香寺住職の葬儀が執り行われ、参列した神宮領民の触穢が問題となった。外宮長官の檜垣常有は三方会合の求めに対して、祢宜中で相談の上「本葬礼触穢」、すなわち仏教式の本当の葬儀を執行した場合の触穢規定を示した。まず葬儀に関わった

「役人」は三十日の穢れ、百日の禁忌別火、とする。穢れが伝染するため接触を断つべき期間が三十日、そして百日間は禁忌として別火＝食物を炊く火を別にすることが求められた。そして葬家に出入りした者も三十日の死穢・別火が、また家に入らずとも外から悔やみを述べた者すらも、七日間の別火などが規定された。

死後、一昼夜を過ぎて放置したならば市中遍満の触穢となることは先に見たが、本葬礼を行った場合にも葬儀に参列し、葬家に接した者に穢れが及んでいくのである。このような厄介ごとを避ける作法が、速懸であった。

山田奉行の死と速懸

天保十一年（一八四〇）十一月、山田奉行の三枝守行が、在任中に伊勢で死去した。速懸の法は江戸から赴任している奉行にも適用され、三枝も速懸により葬られた。さて内宮長官は、三枝の用人から江戸帰参後に関係者へ説明するためとして速懸の制度について尋ねられ、以下のように返答している。まず、両宮においては「敬神」を専らにするゆえに、「葬礼の儀」は行われない。葬儀を実施すれば、その家や携わった者たちに重い穢れが罹る。対応を誤ったならば両宮が触穢となり、御饌調進を含めすべての神事が停止し、参宮客も内院への立ち入りが禁止されてしまう。このように、伊勢では禁忌が厳重であるがゆえに、速懸を行うのだ、とした。

こうした認識は、当時の神主や学者たちにも共有されている。権祢宜の家に生まれた国学者の足代弘訓は、伊勢では死穢に触れた場合に三十日の穢れ、百日の禁忌となるゆえに速懸の作法が取られたとして解説を加える。死者を病人の扱いで、常の供立てで墓地に送ることとし、その際に位階ある人でも白い喪服は用いない。速懸を行う家では「魚肉」を十分に調え、酒飯の饗応も用意する。つまり、現実には「死」が発生しているにもかかわらず、それが「ない」こととして、あえて日常の生活を送ることを美風と評価しているのだ。中世段階の『文保記』が、本来の神道の触穢規定にもとるとして批判を加えた影響は見られず、それが便法であることへの後ろめたさも感じられない。

外宮長官の本葬礼

だが、江戸時代前期には神宮領の一部で、速懸ではなく本葬礼が行われていた。しかもそれは末端の住民ではなく、穢れに最も敏感であるはずの神宮神主の頂点に位置する、長官家でのことであった。

ただし内宮では長官家も速懸をしており、本葬礼の実施は外宮の長官のみである。天和服忌令の「葬送」規定の末尾に、この法は外宮のみに適用され、内宮では近年は行われていないとあるのは、その反映である。服忌令を受け取った山田奉行は、内宮と外宮で規定が異なることを不審に思い問い質すが、内宮は、外宮長官一人に限り葬送を行い百か日の穢れとなるものの、内宮では速懸を行うため穢れは生じない旨を返答した。

享保八年（一七二三）七月八日、外宮長官の檜垣常有が八十二歳で死去した。その日のうちに長官に次ぐ二番目の序列であった檜垣貞命が昇格し、長官に就いている。

常有の葬儀は、その息子で当時六祢宜であった常包家で営まれた。常晨（寛文二年〔一六六二〕死）、全彦（延宝四年〔一六七六〕死）、満彦（天和四年〔一六八四〕死）、常和（元禄十三年〔一七〇〇〕死）の過去四代の長官と同様、速懸ではなく「古例之通」に、本葬礼で送られたのである。ただし、二年前に「本葬礼之触穢」が問題になったことに鑑み、今回常包家では屋敷内を縄で仕切り、台所・座敷には穢れが及ばないように措置したという。しかも常有の「沐浴焼香」を止め、「速懸同前」に執り行ったことを強調する。

本葬礼の終焉

本葬礼が終わって数日が経った七月十五日に、三方会合を運営する家格、三方年寄家の幸福勘解由という者が、外宮長官家を密かに訪れた。神宮からの指示に基づき昨日に「本葬礼之触穢」を山田の町々に通達した旨を伝え、服忌のことは軽く済むように三方会合でも願っている、とした。この情報に接した常包は、梅香寺住職の葬儀と同様に扱われることは不本意だとし、縄で邸内を区分して穢れの拡散を防ぐ手立てを施しており、その点を町々へ告知することを長官機構に求めている。

だが翌日、三方会合から長官機構に異議が伝えられる。常有の死去について、本葬礼の禁忌が猥りになっているとの風聞があったため、指示の通り二年前の「本葬礼之触穢」を改めて山田惣中に申し渡したのだが、葬家の常包家に出入りした「子良物忌上部二臈」が、宮中に参籠し勤番をしていることが不審だ、と指摘する。先の申し渡しと齟齬し、町方で混乱が生じているとして、穢れにかかっていない理由を明示するように迫った。

新長官の貞命は、三方会合の主張を受け入れざるを得なかった。本葬礼である以上は縄の内側に入った者は三十日の穢れで、縄外でも清浄とは言えず、三十日以内に邸内に出入りした者は「丙穢」として七日の穢れとなる旨を、常包家に通達したのである。そしてこれを最後に、以後は長官の死も速懸で送られ、本葬礼が行われることはなくなった。

『文保記』などに記されているように、速懸は本来、死を送る儀式としては不適当なもので、神社領でも死穢の慎みを伴う本葬礼こそが古例だったのである。だが常包家ではこの時、邸内を縄で区分し、「沐浴焼香」という本葬礼につきものの儀式を行わず（行えず）「速懸同前」にし、しかも以後は本葬礼を断念して速懸に移行せざるを得なかった。それはひとえに、住民組織からの圧力という外的要因によっていた。三方会合は、注連縄を張ることで穢れの蔓延を防げるとの見解を否定し、葬家に出入りした神主が神事に携わったことを、触穢規定に反するとして咎めた。

子良・物忌を務める触穢制度に詳しい神主たちは、自分たちに穢れが及んだとの認識はなかったはずだ。一見すると三方会合の方が穢れを厳密にとらえているかのようだが、これはいまだに例外的に残る本葬礼を速懸に移行させるための方策と考えるべきだろう。彼らは、死を怖れ、慎む意識から、あるいは清浄さを求めて速懸を選んだのではなく、死穢に伴う都市生活への規制を避けるために、本葬礼の解消を目指したのである。

いずれにしても、速懸が宇治・山田での死の送りとして完全に一般化するのは十八世紀に入ってからであった。そしてその後は、もともとは死穢を避けるための便法に過ぎなかった速懸の作法は、社会的な規範として「行わなければならない」ものに転化し、伊勢の清浄さを維持する象徴として語られるようになっていくのである。

速懸の変容

速懸とは、まだ死んでいないことにして墓地に送り、埋葬するというものである。しかし、速懸に関わっている人びとの誰しもが「死体」を扱っていることは承知していた。それは、神宮神主の場合でも同様である。天明元年（一七八一）三月、内宮二祢宜の薗田守脩が死去するが、当時彼は訴訟沙汰に関与していたため、山田奉行所では彼の死の事情を取り調べる。死者の妻の代理者鳩口紋治は内宮長官機構に対して、薗田守脩が今日未明の丑刻に「薨去」したこと、神地の古法に任せ早朝に（つまり、死去後に）速懸をしたこと、もちろん病死に間違いないことを報告している。

速懸は、死後速やかに実施するのが原則である。またそれは本来、死者を送る「儀式」ではなく、死穢の発生を忌避する「作法」であり、足代弘訓ら学者たちが指摘するように日常生活のままに執り行うべきもので、ことさらに準備をしてはならないものだ。だが速懸の実態は、江戸時代の前期から原則とは掛け離れていた。まず、必ずしも死の直後には行われず、数刻を経て、また翌日以降に持ち越すことも多かった。宝永二年（一七〇五）に三方会合から出された触書には、近年速懸の作法が混乱し、「触穢」に及ぶほどの風聞が立つことを遺憾とし、正しき作法を命じているのだが、そのなかで「命日」の認識が問題視された。本来、いまだ死に切っていないとして墓所へ送るのであるから、「野送」（速懸）の日が命日となるはずである。ところが近年は、「野送の前日」を命日とするという風聞がある。それでは、埋葬までの間に穢れが広がってしまう。

実際の死から速懸まで、一昼夜を経過することが不問に付されている点にも注意したい。『文保記』では、「気」の停止が即、死穢の発生であるとの見解が示されたが、中世段階の触穢規定を重視する神宮世界でも、速懸に関しては該当の規定は空文化され、死体発生の翌日までは速懸を延ばしても構わないという「了解」が一般化していた。

参宮街道沿いに位置する多気《たき》郡斎宮《さいくう》村以下五か村の事例を見よう。ここは宮川より外側で、宇治・山田を中核とする「神宮の敷地」とは異なる空間にあるが、古くは斎宮が所在した由緒から神宮の直轄領として「川向神領」と呼ばれ、宇治・山田の習俗に倣い禁忌触穢を重んじ、死者も速懸で送られていた。

天保六年（一八三五）のこと、神宮の代官は村々庄屋に対して、死者が出た当日に埋葬するか否かを尋ねた。五か村のうち竹川村と上野村の庄屋は、死去当日に野送（速懸）をするとしながらも、有力者の場合は、遠方の親類らに連絡を取った上で行うため、「一両日も隠し置く」ことがあると答えた。その場合、命日は速懸の日ではなく、落命日を採るとも答えている。宇治・山田における事情も、同様であっただろう。

こうなると、死から速懸執行までの時間は、無限定に延びていく可能性がある。慶応三年（一八六七）五月十二日、内宮領の朝熊ヶ岳《あさまがたけ》の山伏峠で変死体が発見された。宇治会合から神宮への当初の届によれば、死んでからだいぶん経過したため年齢も分からず、足の甲もすでになく「五躰不足」、つまりすでに腐乱が進んでいる状態だったようだ。届を受け、会合役人と神宮役人との間で対応が慎重に協議される。当時は文久三年（一八六三）の朝廷主導による神宮改革の影響で、触穢制度については厳重な対応が求められていたこともあった。だが結局のところ、神宮も会合組織も「大行」になることを避けるべく、「五躰不具にはこれなき趣」と報告を改めさせ、そうであれば「昨日」頃に死んだものという強引な判断が下され、速懸の取り計らいで済ませることになった。

葬儀同然の速懸

速懸の作法も変わっていく。『五十鈴の落葉』という随筆には、神宮神主の速懸の行列書を図入りで紹介しているが、「先払」以下、親類知己朋友ら六十数名が連なっている。こうした様相を、宇治・山田の風俗を伝える随筆『茶物語』は、親の速懸は子たる者にとって一生のハレの儀式であり、衣服もあらん限りのハレの服を着るべきである、とまで記している。「馳走」のために高提灯を出すことまで行われた。さすがにこれは、会合から禁止令が出されているのではあるが。

「死んではいない」のであるから、本来は速懸に僧侶や寺院が関与する余地はない。だが近世前期から「死」後に僧侶を呼び、仏具を鳴らし金鼓を打ち、葬礼に似た所業を伴う速懸が行われた。触穢制度に詳しい黒瀬益弘によれば、死者を寺院へ運び、そこから速懸にすることとや、死刑に処された者の死体を引き取っての速懸、遠方での死の報せを受けて死体のない速懸まで行われているという。もはやこれは、葬式でしかない。

速懸に従事するだけならば、「死んではいない」のだから穢れはかからないはずだが、葬儀同然になったためか、「速懸役人」に七日の穢れが適用されるようになった。黒瀬はこれを「不審」とし、起源が不明としつつ「されど今の速懸を見るに、穢れあるまじきこととも見えず」とするのは、速懸の変容を的確に評価したものといえよう。

寛延二年（一七四九）七月、遷宮を控えて朝廷から勅使らが伊勢を訪れ、警護の大名たちも逗留《とうりゅう》していた。七月十三日に宇治会合役人の風宮作弥は内宮長官に対して、このような状況下では夜分であっても「速懸の葬送」を町並みで行うのは憚られるため、「死人の体ではないように」寺へ送り、寺から葬儀をしつらえて（＝速懸をして）墓所へ送るようにと、宇治の住民に触れたことを伝えた。本来の速懸の理念からすれば、ほとんど解釈不能な説明である。会合役人や住民らは、もはや速懸を実質的な葬儀ととらえ、それゆえに穢れが発生すると認識していたことになる。

天保十一年（一八四〇）十一月に山田奉行の三枝守行が危篤に陥った時、奉行の用人の打診を受けた会合役人と神宮との間で、死後の対応が話し合われている。当初は本葬礼で行うことが想定され、内宮と外宮の間に位置する臨済宗中山寺へ葬ることとなった。だが、どのように死者を送るかについて協議した末、中山寺へは「御仏参」という形にして、先払いも付けた普段と変わらない供立てで到着の後、「御即死」ということにすれば禁忌になることはない、という案が採られた。死んではおらず、寺に着いた時に「即死」したことにするというのは、まさに速懸の作法に他ならないのであるが。

速懸と本葬礼との根本的な違いは、墓地・寺院に送るまでは焼香・読経等の仏教式行為をしないことであり、それまでは「死んではいない」タテマエを取るという点にしかない。しかも、実際は「死んでいる」という認識は、関係者に共有されている。江戸時代の速懸は、中世社会が生み出した当初のありかたからは掛け離れたものとなっていた。

速懸のこのような変質は、触穢観念の変容以外に、寺檀制度に基づく仏教の浸透も影響したろう。足代弘訓は「下賤の者」は仏事を行って葬礼に類似のことを行っているとするし、寛延二年（一七四九）に内宮長官は、女子供などの死には僧侶を頼むことがある、と指摘している。嘉永元年（一八四八）五月に山田奉行が死去し、内宮と外宮との間で対応が相談された際、内宮側は、外宮領では「中以下」は「僧尼などの附き候こと」があると指摘し、外宮側でも反駁を加えてはいない。公的には表れないが、宇治・山田の地で僧侶によって送られた死者は、決して珍しくはなかったのではなかろうか。

黒瀬益弘が指摘したように、本来速懸は触穢を避ける作法なのだから、穢れが発生する謂われはない。だが、実質的に葬儀と類似したものに変容するにつれ、速懸に従事する人間の穢れが、強く意識されるようになった。

速懸を担う人びと

速懸において「死んでいない」人間が「死ぬ」のは、墓地に埋葬される時点である。ここで死体に変わるのであるから、墓を掘り、「死体」を埋め、土を掛ける人間が、生死の境を分かつことになる。安永三年（一七七四）のこと、宇治の周辺農村（内宮領）の中村で利助という者が、葬式の穢れを猥りにしたとの風聞が立った。利助は、主人の父親である山本六右衛門という人物の死に際して「土掛け役」を務めた。そのため服忌令の規定通りに百日間の別火が申しつけられたが、それでは生活に難渋してしまう、と主人家に訴える。山本家では旧記を吟味したところ、総じて服忌は「軽重甲乙」があり、三十日を経過した後「本職」を得るという手続き（仮の職名を受けることで、神宮に奉仕する者の忌服を軽くする制度）を経て、慎みを軽くしたことが「風聞」の元となった。両宮の長官機構で対応を協議するが、中世の『文保記』『永正記』にも、天和の服忌令にも、速懸の穢れなど規定されてはいないのだ。ともかくも服忌を私的に解釈したことを咎め、天和服忌令の葬礼規定に準拠して、速懸役人は七日、土掛け役は百日の穢れと結論付けている。

土掛け役を家臣や領地の百姓に負わせることは、いくつか事例が見られる。その場合、常の服で供奉する「速懸役人」とは異なり、「白布の浄衣」を着し笠をかぶるという「葬礼役人」の出で立ちであった。だが、彼らの「土掛け」は儀礼的・形式的なもので、「三鍬」ばかり土を掛けた後に退き、後は「所の穢人」が取りしまうという（『葬祭触穢記』）。

所の穢人の役割

この「所の穢人」とは、宇治の牛谷、山田では拝田の非人集団のことであり、墓穴を掘り、土掛けをするなど、埋葬を最終的に担った。彼らが宇治・山田住民の埋葬に関与したのは江戸時代前期に遡り、慶安三年（一六五〇）には住民の家格に応じて区分された穴掘り・土掛けの公定代金が、三方会合から拝田に対して示されている。まず土掛け賃は「御三方并月行事衆」が五百文、「御殿原分」が二百文、「御仲間分」が百文、「ひとりやもめ」は五十文となっている。注目されるのは、土掛け賃に対して穴掘り賃は、それぞれその五分の一としている点である。寛政七年（一七九五）

には銭相場に応じて増額され、穴の大きさに応じた穴掘り賃が明示されるが、やはり比率は同じで、土掛け賃はその五倍である。例えば死者が三方年寄家の場合、竪穴で二尺四方（約六〇センチ四方）、深さ六尺（約一メートル八〇センチ）と規定されており、かなり大変な作業となるが、土掛け賃は七百五十文であるのに対し、穴掘り賃は五分の一の百五十文である。労力だけを考えれば穴掘りの方がはるかに大きいはずだが、死穢に触れるゆえに、土掛け賃が高く設定されているのだ。

穴掘りと土掛けは拝田・牛谷に独占されていた訳ではなく、もともとは死者の近親者や家臣らが担っていた。だが儀礼的な土掛け役でさえ百日の穢れになると、日常生活を送る上で不自由極まりない。速懸が次第に葬儀同様と認識されていくにつれ、これらの役が拝田・牛谷の非人集団に集約されていったのであろう。外宮長官家で近世前期まで行われていた本葬礼は、参列した人たち全員に等しく穢れを及ぼすものだったが、それは最長百日で解消される。一方、速懸は参列者の穢れを免れさせる代わりに、穢れを一手に引き受ける存在を必要とした。「土掛け役」なくして速懸は成り立たないが、その役が次第に特定の集団に担われるようになると、彼らが負う穢れは更新され続けることになる。穢れは非人集団のなかに閉じ込められ、同火の禁忌がより強く意識されていく。

なお、非人集団には規定の土掛け賃、穴掘り賃のほか、提灯や松明、それに巻く布などの物品が下げ渡された。葬儀に用いられた品が従事した被差別民に無償で譲渡されるのは江戸時代に広く見られるが、これが次第に既得権化し、物品がなくとも拝田・牛谷の民が相当の金銭を要求するようになっていき、速懸の場で紛争が生じたようだ。

速懸の終焉

文久三年（一八六三）に始まる朝廷勅使主導の神宮改革において、速懸と本葬礼との「混雑」が問題視され、「古法」を守ることが厳しく触れられる。明治維新後には神仏分離政策のなか、明治元年（一八六八）閏四月に神職の者は神葬祭に改めるべきことが命じられ、同二年七月には「神領葬祭略式」が交付される。だがこの規定の趣旨は、仏教的要素を徹底して排除することにあり、死者を「病体」として送る「速懸」の作法が前提となっている。速懸が否定されて神葬祭になったわけではない。

速懸の消滅は、神祇省《じんぎしょう》・度会県の主導で行われた神宮制度改革の一環で、明治五年三月に神宮領特有の触穢規定廃止を命じる「宮川内御規則改正」が発令されたことによる。そのなかで速懸は「政教に拘り、人情にも悖《もと》り」として、今後は葬送で取り扱うこととし、葬送役を務め、死者を扱った者は三日間を慎み、沐浴した後は参宮が可能とし、また別火は不要などと規定された。この間、新政府側の立場で速懸について神宮神主が上申したと思われる文が残るが、速懸を急ぐあまり墓地へ赴く途中で蘇生し、苦悩の声を発することがあるとし、父兄を葬るには「無道」「不慈」で、人倫に悖る不孝の制度だと激しく非難している。この見解が「宮川内御規則改正」に反映していると思われる。文久三年改革時には本来のあり方を厳守するように求められた速懸が、わずか十年も経たないうちに、道徳的な理由で否定されるに至ったのである。

確かに速懸の本来の姿は、このように評価されても仕方がないかもしれない。だが江戸時代に行われていた実際の速懸は、決してそのようなものではなかった。一昼夜を待って親族知音の者を集め、提灯を掲げ行列をなし、祭文を読み、しばしば盛大に儀式が執り行われた。本葬礼と異なるのは、「死んでいないことにする」というタテマエと、仏教色を排除するという点に過ぎない。そして維新後に推進された神葬祭とは、実質的には「死んでいる」ことを認めた速懸、とも言えるのである。

動物のケガレの除去――犬狩

神宮領と動物

江戸時代前期の神宮領では牛馬の焼死も「遍満の触穢」となり、動物の肉を食することが穢れとなるなど、人のみではなく動物も穢れの発生源となった。神宮では動物のなかでも特に犬を忌み、遷宮の前には犬を排除するために「犬狩」を行う慣例があった。古代・中世の宮都や神社では、清浄さを保つために被差別民による「犬狩」が行われており、近世の伊勢神宮領でもその「伝統」にならったという面もあろう。

だが伊勢神宮は殺生禁断を旨とし、これを根拠として諸役を免れ、世俗権力の介入を拒絶した。動物を忌避するだけならばともかく、「犬狩」と殺生禁断とは、両立が危うくみえる。そして、元禄年間の生類憐れみ令をはじめ、幕府側からの動物愛護政策の理念とも大きく齟齬し、神宮の「伝統」を守ることの困難が予想される。

なぜ犬が特に問題とされたのだろうか。「犬狩」の体制と生類憐れみ政策下での神宮の動向、そして総じて神宮の触穢観念における動物の意味について、考えてみたい。

動物忌避の理由

昭和初期に編さんされた『宇治山田市史資料』では、遷宮行事の一つ、「御木曳《おきひき》」前に犬狩が行われることを紹介し、その理由を述べる。神宮所在の霊地は古来清浄を尊び触穢の法が厳重のため、六種の家畜、馬、牛、羊、犬、豚、雉は「宮川内」に入ることを禁じたが、なかでも犬は管理が困難で自由に走り回り、随所に放尿脱糞し宮中を汚すこともあるからだ、としている。だが、人・動物を問わず、糞尿が触穢観念との関係で禁忌の対象となることはない。遷宮用の木を汚すのは糞尿ではなく、犬の出産と、墓所を掘り出し死体の骨などを咥えてくること（＝「喰入り」）であった。貞享四年（一六八七）五月、生類憐れみ令への対応のなかで、山田奉行から犬の「不浄」の理由を質された神宮は、骨を咥えて来るのは他の動物も同様ではないかとの問いに対し、猫は墓を掘るようなことはなく、鳥類については防ぎようがない（ゆえに許容する）、猫の出産はなぜ触穢にならないのかは「記文」、すなわち神宮の基本法典たる『文保記』『永正記』に規定がないから、という返事にとどまる。

なお、穢れ観念とは関係なく、放し飼いの犬や野良犬が参宮客に食いつくなどの危害を及ぼす恐れはあり、それを理由にした犬狩も行われる。参宮客の伊勢についての評判は宇治・山田社会の成り立ちを左右するものであり、参宮客を手厚く保護することは、神宮・住民組織ともに江戸時代を通して強く意識されていた。

動物の穢れに関する「古記」の規定を、もう少し見ておこう。十六世紀初頭に成立した『永正記』には死と出産時の触穢日数を、人の場合に準じて動物についても規定している。人の死穢は三十日であるが、馬、牛、犬、猪、鹿は五日、人の出産は七日間、牛馬と犬は三日、なお流産の場合は死穢と同じ扱いで、人が三十日、牛馬と犬は五日となっている。猪と鹿は牛馬に準じるとしつつ、神祇式を引いて「六畜産三日。鶏非忌限」とする。神祇式の「六畜」とは牛・馬・羊・豚（猪）・犬・鶏の六種であるが、『永正記』ではこれから羊と豚が外れ、猪と鹿が加わっているのは、動物と接触する度合い、実態に即してのことであっただろう。そして二本足の鶏は触穢の対象にはなっておらず、特に問題とされているのは牛馬と犬である。『永正記』でも、それに先立つ『文保記』においても、個別の事例に則した規定では、専ら犬がもたらす穢れが扱われている。犬自体の死や出産のほか、人の死体の一部を咥えて通った際の穢れが問題とされた。中世までの社会では、路傍や河原などに死体が放置されるのは珍しいことではなく、犬がこうした死体を食いちぎり、これを咥えて穢れをまき散らし、神事や国家的行事が延期や停止に追い込まれることにもなった。近世の神宮服忌令に、宮域内に手足頭骨類があった場合は七日の穢れと規定しているのは、そうした事態を想定したものであった。

飼犬の実態と忌避

当時、犬を飼ってもつなぎ止めてはいない場合が多く、牛馬などと異なり、触穢につながる死や出産、「穢物」を咥えてくるなどの行動を管理することは容易ではなかった。『永正記』では飼い犬は不浄の基として戒め、慶安五年（一六五二）にまとめられた「宮中法式之大概」でも、犬のほか鴨や小鳥をも飼うことを禁じている。ただしこれは宮域内に限定されたことであり、宇治・山田の住民を拘束するものではない。市中で犬狩が行われる時には、内宮長官機構から神宮神主らに宛て、飼い犬はつなぎ置いておくように注意を喚起する通達が出される。元禄十五年（一七〇二）四月に神主らに飼い犬の有無が尋ねられたところ、内宮の藤波十祢宜宅で犬を一匹飼っていることが報告されている。遷宮の遷木着岸を八年後に控えた享保六年（一七二一）十月に宇治会合が「犬改め」を実施した際には、内宮周辺農村の楠部《くすべ》村では飼い犬二匹、野犬六匹が村内にいる旨を返答している。触穢の忌避という原則から犬を嫌忌する伊勢神宮領においても犬の飼育はそう珍しいことではなく、犬と人間との関係がそれなりに深いものであったことを思わせる。

ただ、宇治・山田から犬を外へ移すことは、江戸時代を通して何度か試みられた。元禄の生類憐れみ政策施行時には、船を使って犬を三河国まで移送したとも伝えられる。享保二年（一七一七）十月には、三方会合が「北伊勢」や「西方山中島方」の村々に所縁がある御師に、犬を一、二匹ずつ貰ってもらうようにと命じている。同時に、犬が出産した場合、産後すぐに子犬を取り除けて「生立」しないように（つまり、殺してしまうように）指示し、守らない町々は処罰することとした。寛保二年（一七四二）にも神宮は、犬狩をした上で、犬を「三河路」へ遣わしたいと山田奉行に出願している。だがこうした方策は、触穢を避けるために十分なものではなかった。

犬狩の時期と手続き

江戸時代の伊勢神宮領では、遷宮の前には定例として、また参宮客への危害が怖れられる時には臨時に、犬狩が実施された。表2は、確認できる限りの事例である。

造宮に要する遷木は、遷宮年の六年前の二月頃、伊勢の外港の鹿海《かのみ》か大湊《おおみなと》、宮川まで船で運ばれ、そこから住民による「御木曳」が行われる。その前年十一月頃、遷木の着岸が近づいたとして、作事を司る「作所」から神宮長官に犬狩の要望が出され、両宮で相談の上、「遷宮奉行」を務める山田奉行所に申請し、承認を受ける（なお、着岸直前の二月にも、犬狩がなされた）。その後三方会合、宇治会合から町々に犬狩が命じられ、町方での犬狩と同日に宮中・宮山でも犬狩が実施される。なお、犬の徘徊が目立つようになると、住民組織が独自に山田奉行へ出願して行う犬狩もあった。その場合、犬が宮山へ逃げ込む可能性があるため、報せを受けた神宮では宮奉行、宮目付らに対し、犬を町々へ追い落とすようにと申し渡している。

宮域の犬狩は神宮が管轄し、内宮では宮奉行、宮目付、大場宮人、山廻ら、概ね二十人から四十人程度の神主が動員された。宇治市中では、宇治会合から町ごとに一、二人ずつ人足が割り当てられ、十数名程度の体制で行われたらしい。一方、外宮では宮山の犬狩も町人足の動員によって行われたようで、宝暦十二年（一七六二）十二月の事例では、町々からの人足百人を朝四つ時に一鳥居へ集合させ、宮奉行の指揮の下で犬狩を行うとしている。同時に、町々の犬も狩るように、との指示が下された。外宮門前の山田の町では、宇治に比べ町の規模が大きいためか一町ごとに三人から八人程度、計六十名から百名程度が動員されたようだ。大抵は一日で終了するものの、住民たちにとって決して軽い負担ではなかった。

さて、宇治・山田市中において住民組織が管轄する犬狩は、神宮への「役」として務める一般住民のほか、非人組織の拝田・牛谷が関わった。神宮が宮中・宮山で行う犬狩は、犬を宮域から追い払うのみであるが、町方で行われる犬狩はそれに留まらない。犬狩のために持つ道具は、一般住民は熊手と棒程度だが、拝田・牛谷の者たちは棒と網、そして槍

表2　犬狩一覧

日時（発令時。実施日は［　］）	類型（定例・臨時）	指示者	備考（背景、出典。特に記載のないものは『神宮編年記』）
慶安四年（一六五一）六月九日	臨時	神宮（内宮）	「頃日郷内犬沢山出来」
万治二年（一六五九）五月十五日	遷宮	神宮（内宮）	
寛文七年（一六六七）閏二月三日	遷宮・定例	神宮（内宮）	
同　五月十一日	遷宮・定例	神宮（内宮）	
天和二年（一六八二）十月十日	遷宮・定例	神宮（内宮）	
天和四年（一六八四）六月二十八日	遷宮	神宮（両宮）	未だ犬狩がない状況下、長官が意向を示す。（『宇治山田』によれば二十七日に二郷年寄より町内へ申渡）
正徳三年（一七一三）閏五月［九日］	臨時	神宮（両宮）	奉行所へ申請。内宮は申請に同意しないが、犬狩は実施。
享保七年（一七二二）五月十六日	遷宮	神宮（内宮）	奉行所承認。
同　十二月十五日	遷宮	神宮（内宮）	
寛保二年（一七四二）五月十二日［十三日］	遷宮・定例	神宮（内宮）	奉行所承認。
同　七月二十三日［二十六、二十七日］	遷宮・定例	神宮（外宮）	『御杣山　一』
同　八月十八日	遷宮・定例	宇治会合、神宮（内宮）	
寛保三年（一七四三）八月二十日［二十一、二十二日］	遷宮・定例	神宮（外宮）	『御杣山　一』
延享元年（一七四四）七月二日	臨時	神宮（宮奉行）	「此間宮中ニ犬二三疋致徘徊、よなよな参道筋へ罷出候ニ付参宮人彼是評定仕」

同　七月二十日［二十五、二十六日］	遷宮・定例	神宮（外宮）	『御杣山　一』『宇治山田』
同　九月二十七日［十月一、二日］	遷宮・定例	神宮（外宮）	『御杣山　一』『宇治山田』
同　十一月十八日［十九日］	臨時	宇治会合、神宮（内宮）	
延享四年（一七四七）四月九日［十一、十二日］	遷宮・定例	神宮（外宮）	『御杣山　一』『宇治山田』
宝暦十二年（一七六二）五月二十八日	遷宮・定例	神宮（内宮）	二十七日、奉行所承認。
同　六月七日	遷宮・定例	神宮（外宮）	『御杣山　一』『宇治山田』　十一日、奉行所承認。
同　十一月十九日［二十日］	遷宮・定例	宇治会合、神宮（内宮）	
同　十二月六日［十一日］	遷宮・定例	神宮（外宮）	『御杣山　一』
宝暦十三年（一七六三）二月一日	遷宮・定例	神宮（内宮）	
明和三年（一七六六）十一月十六日［十九日］	遷宮・臨時	神宮（内宮）	「近頃ハ宮中犬徘徊」
安永三年（一七七四）六月三日	臨時	宇治会合、神宮（内宮）	神宮へ連絡。人を害し候犬飼置間敷。
天明二年（一七八二）十一月四日［五日］	遷宮・定例	神宮（内宮）	奉行所承認。
天明三年（一七八三）二月二十三日	遷宮・定例	神宮（内宮）	
寛政二年（一七九〇）二月十一日	臨時	宇治会合、神宮（内宮）	町在狼猟、「宮山も有之候事、為心得申進」
寛政八年（一七九六）四月二十二日	臨時	宇治会合、神宮（内宮）	病犬が人に食付。宮山へ籠。
享和二年（一八〇二）十一月六日［七日］	遷宮・定例	神宮（内宮）	奉行所承認。
享和三年（一八〇三）閏一月十五日	遷宮	宇治会合、神宮（内宮）	
同　二月十三日［十六日］	遷宮・定例	神宮（内宮）	

文化四年(一八〇七)十一月十八日[十九日]	臨時	神宮(宮奉行)	「宮中御庭作場江犬数多致徘徊」
文政五年(一八二二)十月二十一日	遷宮・定例	神宮(内宮)	奉行所承認。
同　十一月十四日	遷宮	神宮(宮奉行)	大場宮人十五人、奥宮宮人六人、宮山犬狩。一円見請不申。
文政六年(一八二三)二月五日[七日]	遷宮・定例	神宮(内宮)	
文政七年(一八二四)四月十四日	遷宮	神宮(外宮)	『御杣山　二』
文政九年(一八二六)一月十九日[二十日]	遷宮(臨時)	神宮(内宮)	作場ニ犬徘徊。二十日犬狩。宮中も。
天保十一年(一八四〇)四月五日	臨時	神宮(内宮)	狼出、狩人宮山へ立入の儀を相談。
天保十三年(一八四二)十一月九日[十一日]	遷宮・定例	宇治会合、神宮(内宮)	
天保十四年(一八四三)二月六日[七日]	遷宮・定例	宇治会合、神宮(内宮)	
文久二年(一八六二)十月二十一日	遷宮・定例	神宮(外宮)	奉行所承認。『神宮編年記』(外宮分)
同　十一月九日	遷宮	神宮(外宮)	『神宮編年記』(外宮分)
文久三年(一八六三)二月三日[四日]	遷宮・定例	神宮(内宮)	

※備考欄の『御杣山　一』『御杣山　二』は『神宮御杣山記録　一』『神宮御杣山記録　二』を、『宇治山田』は『宇治山田市史資料』を表す。

を持って「家々の裏にて犬をころし」たのであった。犬による触穢発生を防止することが犬狩の目的である以上、最終的には犬を「殺す」しか方策はない。だが、その行為自体が穢れを伴ってしまう。その役割を担ったのが、非人集団なのであった。

彼らは被差別民であり、宮域には立ち入らない。神宮が管轄する犬狩で宮域から追い払われたものを含め、市中で犬を「狩った」のである。拝田・牛谷の非人集団に神宮が直接指示を下すことはなく、彼らの管轄は住民組織であった。そのため神宮主導の犬狩においても、町方の犬狩との間で時間や場所を打ち合わせるなどの連携を図っていた。

宝暦五年四月二十九日、三方会合は山田町々に対し、拝田の者たちが捕獲した犬の数に応じて「賃銭」を渡すべきことを申し渡した。「男犬」は二百文、「女犬」は二百五十文としている。雌犬の方が高いのは、出産の穢れが発生する危険性を加味したものであろう。いずれにしても、参宮客への危害を防ぎ、そして何より遷木の「清浄さ」を保つための犬狩は、拝田・牛谷という非人集団の働きによって、目的が達せられたのである。

元禄生類憐れみ令と犬狩

五代将軍徳川綱吉が発した生類憐れみ令は、判断能力を欠いた偏執狂的な統治者による政策と一般には受け止められているが、実は人間をも含む「生類」の保護を通した新たな民衆支配の意図を持ち、後代に引き継がれた要素も小さくなかったことが指摘されている。だが、特に犬の愛護を重視するこの政策は、「犬狩」を公式行事として行う伊勢神宮領に衝撃をもって受け止められたであろうことは、想像に難くない。

神宮に生類憐れみ政策が最初に伝えられたのは、貞享三年（一六八六）十二月四日のことである。山田奉行所から神宮長官に対して、神宮領で「犬を殺し申すこと」、そして打ちたたくことをしないように、との申し達しがあった。六日後に内宮別宮の瀧原宮《たきはらのみや》が鎮座する神宮直轄領の野後郷《のじり》庄屋が山田奉行所を訪れるが、その際にも同様の内容が伝えられる。野後郷ではそれまで犬を飼うことを禁止しており、よそから侵入してきた犬を「打擲」してきたが、以後は「ただ追いやり申しそうろう様に」と命じられた。同じ趣旨の指示は、当然に宇治・山田市中にも触れられただろう。翌年四月十九日には山田奉行から、生類憐れみ令発布後には「無主犬」に食べ物を与えると厄介が生じるため避ける風潮があることを咎め、「犬に限らず総じて生類人びと慈悲の心」が命じられた。

だが、このように犬を保護する政策が打ち出されては、触穢の危険性は高まってしまう。内宮と外宮は住民組織とも連絡を取りつつ、神宮としての主張を山田奉行所に届けた。五月九日に外宮から出された文書によれば、犬が死体の骨肉手足などを咥えて宮中に入れば「触穢」となり、御饌の調進も停止され、また遷宮用の材木も穢れに触れて用に立たなくなる。「神慮を測りがたい」との理由を掲げ、暗に犬狩の継続を求めた。なお、犬狩自体は「まったく生をたち申すことにてはござなく」と、殺す訳ではないと弁解しているが、これは神宮主導の犬狩についての主張であろう。

穢れを発生させる危険性の高い犬をどのように扱うかという問題は、神宮、住民組織、山田奉行所の間で、元禄年間を通してくすぶり続ける。特に遷宮を六年後に控えた元禄十六年（一七〇三）、遷木が伊勢へ着岸する直前には、犬による穢れから守るための方策が改めて検討されることになった。そして、もちろん容認されることはなかったものの、神宮側は一貫して、遷宮行事としての「犬狩」実施を志向し続けた。

犬忌避の方策

犬を忌避する対策は、まず放し飼いの犬に飼い主を特定し、個別につなぎ留めること、犬小屋を設けて野良犬を収容すること、そして遷木を囲う施設を造ることの三つが行われた。順を追ってみていこう。

元禄十年（一六九七）二月、内宮は宮中・宮山に犬が多数入り込んでいるとして、宇治会合の上野清左衛門に対応を求めた。上野は三方会合、また外宮とも協議し、町々で犬を預かり、野良犬の飼い犬化を提案した。ただしそれのみでは町々の負担が大きいとして、外宮の家司大夫（長官の家政機関の長）の意向により、「師職」（御師）が二、三匹ずつ犬を預かることで相談がまとまった。愛玩動物としてではなく、あくまで「穢れ」の管理のために、犬の飼育の割り当てが試みられたのである。

犬の出産や死は接した者にも穢れが及ぶため、神宮の神主たちにとって通常での飼育は避けるべきものであった。また、それまで野に放たれていた犬を飼育するのは、容易なことではなかったであろう。門を構えるような大きな家はともかく、町並みの家では昼の間は外へつなぎ置き、夜になると家の内へ入れるなどの苦労を強いられたようだ。

だが「穢れ」の管理のためには、犬を個別の神主ごとに分散するのは得策とは言えない。これと並行して「犬の家」、すなわち収容施設を造ることも試みられた。宇治では三尺四方（約九〇《センチ》四方）の「家」が構想され、宇治会合の年寄が「あまりきうくつ（窮屈）」だと唱えたが、とりあえず「入りつめ（詰め）」にして収容するという。「入りつめ」では犬愛護の精神に反すると非難されることを恐れたのか、山田奉行に対しては、野犬をある程度慣らした上で個別につなぎ飼うための設備である、との弁解を上申した。なお、規模や詳細は分からないが、犬の個別飼育も収容施設の設置も、内宮・外宮（宇治・山田）ともに試みられたものである。

だが、これらは遷木保護の根本対策とはなり得なかった。元禄十五年には、山田奉行の長谷川重頼（重章）が江戸に下向し、幕閣と協議の上で、犬を管理するのではなく遷木の方を囲い、犬の接触から守る「矢来《やらい》」を設けることが決まった。内宮では一の鳥居の内側、参道の東側など七か所に、長さは十二間（二二《メートル》弱）から五十間（約九〇《メートル》）、幅は二間半（約四・三《メートル》）から二十二間（四〇《メートル》弱）までの、大規模な「犬ふせぎかこひ」が築かれることになった。結局、内宮分だけで大工百六十三人、日用三百四十人分で駄賃が三百三十九匁余、用木代などを含め総費用は七十七両が掛かった。これらは遷宮費用と同様に、幕府から支給されることになる。

こうして遷木の保護という点では一応の解決が図られ、犬狩をする必然性はとりあえずなくなった。だが、神宮は「犬防ぎの囲い」の相談中にさえも、引き続き犬狩の許可を求めているのである。元禄十五年五月七日に山田奉行所と交渉した際の記録によれば、犬狩は「前々よりの吉例」であり、宮中のみ、また形ばかりであっても実施したいという長官・神主中の意志が伝えられる。遷宮行事の「一ツの吉例」という点は繰り返し強調され、また通例の「犬をうちたたき申」やり方ではない、とも弁解する。だが五月二十六日に山田奉行所から、やはり犬狩を容認することはできない旨が告げられる。「吉例」と言うが神宮神主たち自身が立ち会う訳ではなく、「中間ごとき」下々の行うことであり、さして重要な儀式ではない。何より「ただ今、犬の儀申し上げ候こととよろしからず」という、しごく真っ当な判断が示された。

江戸で橋本権之助という武士が、犬を傷つけたとして死罪に処された逸話はよく知られている。この事実も、同年の十月には山田奉行から神宮に伝えられた。こうした時代状況のなかで、「形ばかり」と唱えながらも、犬狩の実施を主張し続ける神宮神主たちの感覚には、驚かざるを得ない。神主たちにとっては、穢れの忌避もさることながら、先例を遵守し、伝統行事を続けることに何よりの価値があった。もちろんこれらの主張は容認されなかったのだが、山田奉行も協議に応じた幕府役人も、神宮側の事情に配慮した対応をとっていることも、確認しておきたい。

生類憐れみ令が施行されていた時期にも、神宮は形のみ、名目ばかりと唱えつつ、「犬狩」の許可を求めた。ではその後、神宮領の犬狩はどのような変遷を辿ったのだろうか。

近世後期の犬狩復興願

文久二年（一八六二）十月に、外宮長官が山田奉行所の求めに応じて、江戸時代中の遷宮に伴う犬狩を書き上げた覚書がある。それによれば、まず寛文九年（一六六九）遷宮時には、宮中徘徊の犬を追い出し、「所々にて取斗《とりはからい》」とする。婉曲な表現だが、宮域から追い払われた犬は、町方で殺害されたのである。元禄二年（一六八九）遷宮では、三方会合で犬を捕らえ、三河に遣わしたとする。遷木着岸時にはまだ生類憐れみ令は発令されていないはずだが、恐らく遷宮年の数年以内に行われたことであろう。宝永六年（一七〇九）遷宮時は先に検討した元禄十五年の事例で、「板かこひ」を築くことで対応した。

さて、生類憐れみ令が撤回された後の、最初の遷宮を迎えた享保造営時（遷宮は享保十四年〔一七二九〕）には、住民組織が神宮と申し合わせた上で奉行所に注進した結果、「古例の通り」犬狩が行われることになった。すなわち、犬を宮域から追い出し「所々にて取斗」＝犬の殺害という措置がとられている。山田奉行所では、今回は犬を防ぐ板囲い設置を幕府に申請しても認められないだろうとの判断があったようだ。なお内宮側では、本来犬狩は「神領民」の役負担として、神宮の権限で住民組織に命じるものだが、元禄年間に板囲いを築いた事情があるため、今回は山田奉行所に伺った、との見解を示した。だが、以後は犬狩実施には山田奉行所への届出が定例化することになった。

これ以降、明和六年（一七六九）、寛政元年（一七八九）遷宮時には、享保遷宮同様に犬狩が実施されたことは間違いない。これに次ぐ文化六年（一八〇九）、文政十二年（一八二九）遷宮時は、覚書には「宮中より犬追い払いそうろう様、仰せ出させられそうろう」と、犬の殺害には触れていない。そして嘉永二年（一八四九）遷宮時については、「先格の通り」としつつも「犬殺し申さず様取り計らうべき旨」が仰せ出されたことを記す。

内宮の長官日記によると、嘉永遷宮を控えた天保十三年（一八四二）十月に神宮は犬狩を申請するが、その際に山田奉行所の用人から、犬狩とは犬を打ち殺すのか、追い逃がすのかが問われた。神宮側はその場で「追い逃し申さず、打ち殺し申すべき様存じそうろう」と返答し、これまで提出してきた「由緒覚」にも記していることだ、と主張する。だが「何の弁えもない畜生を殺しそうろう義」は甚だ不憫だ、という山田奉行落合道一の意志が伝えられる。神宮は、打ち殺すのが「先格」だが、殺すか殺さないかは「年寄の了見」、つまり住民組織の判断であり、神宮側は関知しないとの立場を取った。数日後に犬狩が実施されたが、やり方に変更が加えられたのかは分からない。文化六年、文政十二年、嘉永二年遷宮時には、実態はともかく公式には犬の殺害を伴わない犬狩とされたようだ。明治五年（一八七二）に維新政府により触穢制度一切が否定されるまで、同様だったと思われる。

だが、明治二年遷宮を控えた文久二年（一八六二）に神宮は、右の覚書を提出するとともに、宮中に犬が徘徊しているとして、寛政以前の通りの犬狩実施を山田奉行所に申し入れた。追い払うのみの生ぬるい対応ではなく、「古例」のごとく犬の殺害を伴う犬狩の許可を求めたのである。この時期に神宮側がこのように働きかけたのは、「触穢」の発生を恐れてのことではなく、儀式次第、先例墨守の意向によるものであったろう。実は、江戸時代前期以来、神宮が再三にわたり主張する犬の行動が原因の「遷木」の「触穢」、遷宮用の用材が穢れたとして使用不能となる事例は、管見の限り確認できない。穢れの忌避は、犬狩を求める真の理由としては決して強いものではなかった。

一方、宇治・山田市中で参宮客に危害を加えかねない犬を放逐する必要性は高く、また穢れにつながる犬が宮中近くを徘徊することは「風聞」が悪いという面はあった。住民組織側が独自に犬狩を出願する事例は、そうした理由によるものであろう。

犬の殺害は触穢につながりかねないが、それは宮域を避け、かつ非人組織の手に委ねることで忌避された。さて、このような被差別民による犬狩（犬殺し）は、近世の伊勢神宮領に限らない。中世都市京都において、八坂神社などでは「犬神人」と称される者が従属し、穢れの処理にあたっていたことが知られている。犬神人と犬狩との結びつきは不明だが、あるいは前近代の神社世界では、犬に対処する被差別民を不可欠な存在としたのではなかろうか。

神宮が「古例」通りの犬狩を復活させたいと訴えた文久二年（一八六二）は、後に詳述するように異国人問題が深刻な課題として意識されるようになっていた時期である。異国人と僧侶、そして被差別民が一体となって朝廷・神宮から放逐されようとしていたのだが、そのなかで「異国の獣」の穢れも、新たな解釈が施されるようになった。神宮の動物への視線も、時期により変動していったのである。

御師の実態と参宮文化

これまで再三述べてきた通り、江戸時代に伊勢の地が諸国からの参宮客を集めるようになったのは、御師の働きによるところが大きかった。御師の基本的な属性は神主なのだが、その仕事ぶりはいかなるもので、また神主に就くにはどのような資格と能力が求められたのだろうか。実は、その実態は驚くべきものであった。

御師の属性は、神社に奉仕する神主であるとともに、師檀関係を結ぶ信者（参宮客）を世話する「師」としての立場があったのだが、まず参宮客との関係について、そして神主の人事制度及び勤怠評価のシステムについて検討したい。

御師と伊勢参宮

御師とは何か

「御師」（おし）というのは一般に寺社に属して参詣者の案内や世話をする者のことを指すが、伊勢では特別に「おんし」と呼ばれた。その語源は「御祈祷師」の略とも「詔刀師（ノットシ）」の略とも言われるが、呼称だけでなく、他の神社の「御師」（おし）とは異なる重要な特性を持つ。神宮は「私幣《しへい》禁断」といって、天皇以外の私的な幣帛《へいはく》の奉納を受けない。そのため神宮正宮前に賽銭箱は設置されておらず、前近代には参宮客が神楽を奉納する施設＝神楽殿は、内宮にも外宮にも存在しなかった。つまり、神宮は百姓や町人の祈願を、基本的に受け付けないのである（武士も同様である）。それなのになぜ、諸国から大勢の参宮客が伊勢に訪れたのであろうか。ここに、神宮の御師の不可欠な役割がある。参宮客の祈願は、神主たる御師が神前に取り次いだのであり、神楽も御師の邸宅であげることになった。つまり伊勢神宮においては、一般民衆は御師を通してしか祈願することができなかったのである。

御師とは、まず何より神宮に奉仕する神主であるが、関係を取り結んだ道者（参宮客）からの呼び名が「御師」である。御師について「下級神主」とする説明も時に見られるが、これは厳密には間違いで、神宮機構の中枢を占める長官以下十人の神主たちも、諸国の参宮客を迎える点では御師としての属性を持っている。

御師は参宮客から初穂料を受けて祈祷を捧げ、御祓大麻を授けた。だが御師のもっと重要な仕事は、全国各地の住民を「檀家《だんか》」として組織化し、伊勢に来た時に宿や案内などの世話をすることにあった。神宮の中枢に位置する神主を除き、大半の御師たちには神宮神主という職に伴う報酬はなく、参宮客の支払いが主な収入源であった。一方、参宮客の立場からすれば、交通制度や情報手段が発達していない時代に、遠く未知の地へ旅に出るのはとても不安だったろう。宿や食事の心配もあったに違いない。彼らが心易く出立できるように、伊勢での便宜を万事取り計らったのが、伊勢神宮の御師集団なのであった。

外宮の門前、山田の町には、時期によって変動するが、四百軒前後の御師がいたとされる（宇治の町には二百軒前後）。その中核となったのは、神宮家に次ぐ格式で三方会合組織の運営を担う二十四軒の三方年寄家の御師たちで、一般に五位の位階を持ち、布衣《ほい》を着し刀を指すことが認められていた。これに次いで二百軒ほどの町年寄家があり、四等目の格式である平師職家の御師たちは、有力御師の手代となって諸国の檀家廻りに従事していたようだ。なお他国、他所出生の者は、原則として御師になることは認められていない。

御師の下には殿原《とのばら》のほか、仲間《ちゅうげん》、家子など様々な従者たちが居た。一般の商人や職人らは仲間の格式に属し、他に芸能民らも存在するが、宇治・山田の住民の大半は御師と御師の従者たち、その家族によって占められていたのである。

伊勢講のシステム

御師が全国から参宮客を集めるために用いたシステムが、「伊勢《いせ》講《こう》」である。前近代の旅は、現代とは比較にならないくらい時間も費用も掛かる。東北や関東からの伊勢参宮は、その後に上方参詣や西国巡礼に足を延ばせば、数か月を超える旅となる。その間の宿泊・飲食等の費用は、農民たちが簡単に用意できる額ではなかった。

伊勢講（参宮講、神明講などとも呼ぶ）は、旅に出る費用を、個々の農民ではなく仲間集団で賄うために作られた。まず、参宮の志を持つ近隣の者で「講」組織を作る。これに御師らの働きかけがあることは、言うまでもない。講の成員は毎年講金を支出し、それを基に予め決めておいた順番やクジ引きにより代表者＝「代参者」を選び、伊勢神宮に参拝させるのである。個人の毎年の出資は少額で済み、一定年限の間に必ず伊勢参宮が叶う仕組みである。なお通常は「代参」だが、講中全員で「総参り」を行う場合もあった。

寺社参詣をするための講組織としては、熊野講が中世から展開しており、伊勢講はこれを模して盛んになったと言われている。なお、講員個人の出資の代わりに、村の共有地からの収益を旅費に充てることもあった。村請《むらうけ》制下の江戸時代において、伊勢講の多くは村共同体を単位として作られることが多かったのである。

伊勢への出立と帰村の際には講中で盛大にお祝いをし、講としての参宮であることを示した。そして代参者は、五穀豊穣や家内安全、子孫繁栄などの祈願を込めた神宮の御祓大麻と土産物を、土産話とともに講中の仲間たちに持ち帰った。この講によって旅の費用が捻出されるだけでなく旅中の情報が共有され、伊勢参宮が広まっていったのである。

ただ伊勢講は関東、東国地方で盛んで、東海地方でも確認できるが、西日本ではあまり見られない。地域ごとの社会構造や習俗により、旅の形態は異なっていたようだ。

御師と檀那場

伊勢神宮を信仰して参拝を志す者は、御師を自由に選べた訳ではなく、御師の側に決定権があった。御師は諸国の檀家（檀那、旦那）のもとに毎年手代《てだい》を派遣して御祓大麻や土産物を配り、初穂料などの形で米銭の寄進を受け、檀家のために祈祷を行う。こうして参宮に訪れた際には諸々の世話をし、神楽をあげて神宮との間を取り次ぐ御師を「師匠」とし、信者を「檀家」とする師檀関係が結ばれた。

檀家は村を単位とし、郡や国ごとに特定の御師に属することも多かった。檀那場は一種の財産権益として譲渡・相続、売買されるようになり、次第に強大な御師が弱小の御師を統合していく動きが進む。東北地方に多数の檀家を持った三日市大夫、関東地方に影響を及ぼした龍大夫、九州地方の橋村大夫の例が知られている。こうして日本全国の大半が、いずれかの御師の檀那場として分割される状況に到った。

檀家を増やしたい御師たちの思惑がぶつかり合うなかで、御師同士の檀家の奪い合いも発生するようになる。寛永十二年（一六三五）に徳川家光が三代将軍に襲職した際、神宮に宛てて朱印状《しゆいんじよう》を発給しているが、そのなかに見える「古来相伝の旦那、才覚を以て奪い取るべからざること」という文言が、江戸時代を通しての御師と檀家の関係の大原則となった。「古来相伝」の檀家はその御師のものであり、他人の檀家を「才覚」、つまり勝手に働き掛けて奪うようなことがあってはならない。だが、師檀関係は必ずしも固定されていた訳ではなく、御師同士の合意の上での売買・譲渡は容認されていた。「山伏の御師」の項（三九ページ）でも触れたように、「才覚」か「合意」によるものか、双方の解釈が食い違うことで師檀関係をめぐる紛争、一種の縄張り争いが多発することとなった。

諸国の檀家を廻る御師の手代は、村人たちから歓待を受けた。伊勢神宮の名代という受け止め方もあったが、御師手代が伊勢から持参し、檀家たちに配る「土産物」が持つ意味も大きかった。

土産物の中核は、もちろん神宮の御祓大麻である。農民たちはこれを神棚に飾り、家内安全や豊作を祈った。だが、それ以外に一般の農村では入手できない、様々な特別の持参品があった。田畑の耕作に不可欠な情報である農事の節目が記された伊勢暦《いせごよみ》をはじめ、和紙や化粧品としての白粉（おしろい）、そしてアワビを加工した熨斗《のし》などが、代表的なものである。これらの土産物の需要は、宇治・山田や神宮領村々を越えて、周辺地域社会の産業のあり方に少なからぬ影響を及ぼした。同時に、伊勢の豊かさを諸国の農民たちに知らしめることにもなった。

参宮の時期

「伊勢参」あるいは「伊勢詣」「伊勢講」などは、俳句の世界で春の季語に分類されているように、伊勢参宮は季節性があった。庶民の参宮は、稲刈りを済ませ領主に年貢を納めた後で、かつ田植えの準備に苗代《なわしろ》を作る前の、農閑期の春に行うのが通例だったのである。当時用いられたのは太陰暦であり、一月から三月が春に当たる。もちろん江戸などの都市社会に暮らす商人や職人たち、また隠居して家督を譲った者など農作業の労働力を期待されない世代は、季節に関係なく農繁期でも旅に出たであろう。ただ、夏の炎天下に歩を進めるのは辛いことだし、夏から秋に掛けては川が増水して行く手を阻むことも少なくなかった。その点でも冬の終わりから春にかけては、旅に出る良い季節であった。

東北地方の農民であれば、伊勢参宮は一生に一度の経験であろうが、近畿・東海地方の住民たちは、毎月参宮する「月参り」や、折に触れての祈願で神宮に参拝していた。遠隔地の旅に比べ記録に残りにくいが、数日の行程で訪れる参宮客は、総人数の半分以上を占めたとの推測もある（新城常三「近世の伊勢参宮」）。

御蔭参り

江戸時代にほぼ六十年に一度、参宮が爆発的に集中する「御蔭参《おかげまい》り」という現象が発生した。正式な手続きをして出立する旅とは違い、行動の自由のない子供や女性、奉公人などが親・夫・主人らに無断で抜け出し、参宮の旅に出たのである（＝抜け参り）。往来《おうらい》手形《てがた》や旅の費用なども持たず、街道沿いのお救いを受けながらの行程であった。

御蔭参りは慶安三年（一六五〇）に始まると言われ、江戸を中心とする関東地方、また会津辺りから、白衣を着た参宮客が日々数百人から二千人ほどが参ったとされるが、詳しいことは分からない。次いで宝永二年（一七〇五）には、三百数十万人もの大規模な御蔭参りが、畿内近国を中心に起こった（人数には異説もある）。明和八年（一七七一）の御蔭参りは山城国宇治に始まるとされるが、次第に東北地方を除く全国に広がり、二、三百万人が訪れた。集団で幟《のぼり》や万灯《まんどう》を持ち、女子供らが歌い、時に卑猥なお囃《はやし》子と共に踊りながら参宮をしたことも伝えられている。

そして文政十三年（一八三〇）には全国規模の御蔭参りとなり、五百万人もの参宮客が集まった。当時の日本の人口がおよそ三千万人であるから、ほぼ六人に一人が御蔭参りに参加したことになる。松坂の豪商・長井家の当主は、押し寄せる群衆の行き来で参宮街道の反対側へ行くのも苦労するほどであった、と記している。

慶応三年（一八六七）には、東海地方を中心に東北地方と九州を除く広範囲で「ええじゃないか」という大衆乱舞の流行現象が発生し、江戸幕府が終焉する前夜の社会状況を象徴的に示すものとなった。神社の御札や仏像などの降下を契機としたことから、御蔭参りの一形態というとらえ方もある。ただし、降下した御札は伊勢神宮のものに限らず、また参加した民衆が必ずしも伊勢参宮、伊勢信仰を意識した訳ではない。なお、安政二年（一八五五）の三、四月には、いわゆる御蔭参りに比べれば規模は小さいが、「中御蔭」と呼ばれた現象が起こっている。

抜け参りの者たちは、一文も持たず街道沿いの施行に頼りながら伊勢に到る者が少なくなかったが、宇治・山田や街道沿いの住民たちは御蔭参りを歓迎した。貧しい者たちが多いとはいえ、参宮客の飛躍的増大により伊勢の地は大いに賑わい、経済が活性化したからであろう。神宮自体も潤った。明和八年の御蔭参り時、内宮では「神前交銭」（賽銭）が日々増加し、近頃は十貫文を超えること、そのため十貫文以上の分は「かます」（筵《むしろ》袋）に入れて神宮の中間（小者たち）の諸用に充てる、と記録されている。

街道では握り飯や粥、草鞋を無償で提供し、宿泊用に仮小屋を建て、自宅に泊めてやることもあった。群衆に紛れて知音の者とはぐれてしまう者も多数出たため、迷子の「尋ね所」も設置された。一日に千人もの迷子が出るほどだったという（「井坂徳辰雑纂」）。

伊勢での案内と接待

御師宅への到着

有力な御師は、宇治・山田に広大な屋敷を構えていた。外宮の代表的御師、三日市大夫次郎の屋敷には十畳前後の客室が大小三十室以上あり、広間も用いれば二、三百人は優に宿泊させられるだけの規模を誇っていた。御師の家族や手代、使用人らも数十人は居ただろう。檀家数が二万軒強とやや小規模の御師である来田新左衛門の屋敷でも総坪数千八百、客室は十二で計八十四畳という数字が伝わっている。このような御師の家が宇治・山田に数百軒も存在し、参宮客を迎えていた。

参宮客が御師宅に着くと、手代たちが出迎えるなかを上がっていく。天保十二年（一八四一）に武蔵国埼玉郡から訪れた川島巳之助一行は、閏一月二日に三日市大夫次郎宅に着くが、手代とその娘ら四人が平伏して出迎える中を「遠慮なく」通って座敷に入った、と誇らしげに記している。着いてすぐに素麺と餅が出され、熨斗を受け取り、茶・菓子が出された後、酒宴となった（埼玉県立文書館蔵「川島家文書」）。

慶応二年（一八六六）に講中十八人で上野国沼田上之町（群馬県沼田市）から訪れた生方弥右衛門は、内宮・外宮の双方の御師宅で神楽をあげ、伊勢で十一泊し、常夜灯を寄進するなど相当の財力を持った町人だったようだ。二月八日の昼過ぎに宮川を越えて伊勢に入り、御師車館大夫の御用達宿である銭屋八左衛門の所で休憩し、手代の田中真八郎の出迎えを受け、荷物は御師宅に送って貰う。それから二見浦《ふたみうら》に向かい、一泊して翌朝に日の出を見てから御師宅に赴く。車館大夫の手配で各人に駕籠《かご》が用意され、門外に高張り提灯が飾られる御師宅まで乗り込んだ（『沼田市史　資料編2　近世』）。

手代らの出迎えを受けてすぐに二階へ上がり、茶と菓子が出された後、昼飯が出される。それから髪を結い、風呂に入り、休息する。入浴は身を清める意味もあったであろう。ちなみに、二見浦の藻草が入った風呂に浸かる旅人もいた。

さて生方ら十八人の一行には、十畳敷の部屋が四つ用意された。四、五人で一部屋、一人当たり二畳強のスペースとなる。部屋で休息していたところ、手代の田中真八郎がやってきて大々神楽《だいだいかぐら》の相談に入る。二月十日に執行することを決め、まず講中より七十五両を取り集め、それ以外に「飛入ノ衆」、つまり講中以外で神楽に参加を希望する者について、五人から五両ずつ、四人からは一両ずつ、総計百四両を御師に納めることになった。

生方らは、到着後に入浴、休憩してからの相談であったが、安政四年（一八五七）正月に来た旅人は、御師久保倉大夫宅に着くとまず「御神前広間」へ通され、「御役金落物等相極メ」、つまり支払い額を定めた上で、座敷に入り休息している（「伊勢参宮道中記」『鹿沼史林』四二号）。泊まる部屋に入る前に、代金を決める場所があったようだ。

「宿泊料」のシステム

参宮客が伊勢で御師宅に宿泊する際に支払う代金は、宿泊料とか食事代という名目を取らなかった。神楽を奉納する旅人は主に神楽料という形で、他には「御供料」「神馬料」「御祓料」、あるいは「山役銭」「坊入銭」「落物」などという呼び方がされている。

神前に供えるという性格の名称が多いが、宿泊費や料理代、参宮の案内などの諸経費は、すべてここから賄われていた。これは贅沢な接待を成り立たせる上で、実に巧妙なシステムである。普段は慎ましやかに暮らす農民たちにとって、飲食や送迎の交通手段、土産物などひとつひとつに料金が設定されていれば、高価なものを選択し続けることに躊躇してしまうだろう。だが一括の「パック料金」で、しかも神への奉納という形で支出されるのであれば、抵抗感は薄れるはずだ。額の大小はあっても、事情は基本的に同様であった。

現在の福島県田村市船引《ふねひき》から安政五年（一八五八）に訪れた佐久間庸軒は、御師の西山大夫のところに着き、「落物」（支払額）を尋ねるが、手代は「思召次第、此方より何程と云事は御座りません」との返答であった（『佐久間庸軒の旅日記』）。神への奉納である以上、金額は参拝者の志次第で、定額で決められてはいないのがタテマエであった。

しかし御師の側では、金額によって接待のランクを変えている。到着時、出立時の料理の質も、土産物や御師の見送り、参宮時の駕籠の有無なども、区別されていた。寝具の蒲団は絹か綿か、駕籠にも座布団があるか否かという細かな区分もある。「御師の処は奉金減少すべからず」と記した旅人がいるが（金井好道『伊勢金比羅参宮日記』）、御師への支払いをケチると残念な思いをするということであろう。

神楽の規模と費用

神楽とは神事に伴う歌舞音曲で、神々を勧請し祈祷する芸能である。天照大神が天の岩戸に隠れた時、その前で天細女命が神がかりして舞ったことが起源ともされる。神楽座を設け、神楽役人を確保するのは容易なことではなく、神楽座のない御師はそれを持つ有力な御師宅を借りることもあった。

御師宅であげられる神楽は、民衆の祈願を神前に取り次ぐものであったが、神楽を奉納するには多額の金銭を要し、誰でもできたことではない。「神楽考証」という史料によれば、最大規模の大々神楽は正保四年（一六四七）から慶安四年（一六五一）の間に百五十五座、その頃から天和年間頃までは年間三十座から百座ほど、十七世紀後期から四十年間くらいには次第に盛んとなって年間で二百、三百、四百から五百座にもなり、享保四年（一七一九）には六百三十三座と前代未聞の繁栄となる。この時がピークで、以後は年間で四百座に達したのは延享元年（一七四四）と寛延二年（一七四九）の遷宮時に限られる。天やはり遷宮のあった寛政元年（一七八九）が三百十一座で以後は大きく減少していく。天保八年（一八三七）に至っては諸国の飢饉によって参宮客自体が少なく、大々神楽はわずか二十座に留まり、二百年来なかったことと人びとの噂になった、とする。

ピークを示したという前年の享保三年、当時の山田奉行渡辺輝が江戸に下る際、参宮客と神楽の数を神宮に尋ねた。神宮長官は、一月から四月十五日までの参宮客が四十二万七千五百人、大々神楽四百九座、大神楽二百五十八座、小神楽千六百十三座と返答している。仮に二十人で一座をあげるとしても参宮客全体の一割程度、大々神楽に限れば五十分の一、わずか二％程度の参宮客に過ぎないことになる。神楽、とりわけ大々神楽を奉納するのは参宮客にとって大きなステータスであり、決して一般的なことではなかった。

なお、階層性だけではなく地域による違いもあった。神楽をあげるのは東北・関東の参宮客が中心で、九州、四国の参宮客にはほとんど見られない。そのため、九州を檀那場《だんなば》として持つ有力御師・橋村大夫は、神楽殿を持たなかった。

笛、鼓、太鼓を奏で、歌い舞う神楽役人の数は、神楽の規模によって異なる。小神楽の場合、男七人、女七人が最低限必要で、それより減らすことは慶安五年（一六五二）の規定で禁じられている。大々神楽の場合は、五、六十人が集う賑やかなものであった。神楽役人自身の身分は高くなく、平師職家の下、殿原の格式である。

神楽を執行する費用は、古くには大々神楽一座で米五十六石四斗、大神楽は米六石、小神楽は米六斗、添神楽は米二斗四升という規定であった。感覚的には、大々神楽は現在の五、六百万円から一千万円近い費用となろうか。伊勢参宮に懸ける思いが伝わるが、これだけの大金を積むからこそ、御師邸で贅沢な饗応を受けられたのであった。

大々神楽は、御師の「経文《きようもん》」読み上げや酒肴の振る舞いを挟みつつ、半日がかりで行われた。舞楽奉納の度、また終了時など折々に大量の「蒔銭《まきせん》」が行われ、それを目当てに近所の「娘子供」や老婆たちが集まってくる。盛大な神楽が終わり、「誠冥加至極とかや、一同感涙を流し」た、などと感激した様子を日記に記す旅人も居た。

豪勢な接待

御師宅での豪勢な料理は、普段は粗末な食事で農作に勤しんでいる農民たちに、大きな驚きと喜びを与えた。山ほどの料理に感激し、出された食べ物を道中日記に事細かに記した者も多い。だが、その場で一々記録するのでは食事を楽しめないし、また異国の地で、見慣れぬ食材の名前のすべてが分かる訳がない。実は現在の料亭などでも見られるように、御師から食事メニューが旅人に提供され、それを道中日記に写しているのである。御師からすれば、これにより料理の豪華さを国元の講仲間に知らせて「お伊勢さん」のありがたさを伝え、引き続き伊勢へ招き寄せることを狙ったのであった。

　御師宅での食事の一端を見てみよう。これまで何度か見てきた武蔵国埼玉郡から天保十二年（一八四二）に伊勢参宮に訪れた川島巳之助は、講中十三人で三日市大夫次郎宅に泊まる。到着後にまず茶菓子が出され、それから冷酒と燗酒で酒宴が始まる。吸物と餅二つ、堅栗、菜、昆布、一尺八寸（五〇センチほど）のタイが二匹、ボラの味噌煮、そして「ばんべん」（はんぺん？）と切スルメ、牛蒡《ごぼう》、長芋、蛸とアワビ、ウド、キクラゲ、マグロ、シヨウガ、ほうれん草などが出ている。彼らは閏一月二日に着き同六日の朝に出立しているのだが、四泊五日の間に魚料理だけでもタイが六回、マグロとアワビが六回ずつ、ボラが三回、タコ、ブリ、イカ、エビが各二回、そのほかコチ、ニシン、イナダ、セイゴなどが出ている。タイにしても六寸計（約二〇センチ）の物を「小鯛」としており、大抵は五〇センチ前後の大鯛であったようだ。魚以外では朝に饅頭が三つ、小豆飯、薯蕷飯、夜にはうどんなども出された。旅人によっては、餡餅が山のように出たなどと書いている。砂糖が貴重品だった時代に、たくさんの甘いお菓子は、伊勢の豊かさを一層際立たせたことであろう。汁物も、すまし汁だけでなく白味噌の汁も出されている。鶴の汁物もしばしば登場した。

伊勢海老（鎌倉海老と称した）とアワビ、そしてボラが、伊勢を象徴する定番の食材であった。ボラは今でこそあまり人気がないが、当時は「名吉」とも呼ばれる出世魚で、また姿が鯉に似ることから「伊勢鯉」との名も持ち、御師宅では珍重された魚である。

冷蔵技術などない時代であり、それだけに調理法も様々だった。刺身ではタイ、マグロ、アワビ、カツオ、カレイ、イカ、ブリ、トビウオがあり、酢漬けや味噌漬け、あるいは干物などもあった。味噌漬けの鯛の焼き物やセイゴ（ボラの幼魚）の味噌煮なども見られる。アワビは高級食材であり、当時でも人気の食べ物であった。川島巳之助は伊勢滞在中に六度もアワビ料理を食べているのだが、川島が食べた「酢鮑」、「鮑の殻焼き」のほか、「焼鮑」「煮鮑」「鮑の塩辛」「鮑飯」などの料理が確認できる。

ところで、アワビが美味しい旬は夏であり、冬のアワビはやや水っぽい。しかし伊勢での豪華な食事として、アワビは不可欠なものだったようだ。旬の時期に関係なくタイとエビ、アワビで豪勢さをアピールするのは、現在の観光地でも共通すると言えようか。大抵の農民たちは普段見慣れぬ食べ物の数々に感動したが、一方で、安政四年（一八五七）に武蔵国葛飾《かつしか》から来た藤城左仲のように、中野館大夫の宅での御馳走を書き上げつつ「品数ばかりおおし、よき物これなくそうろう」と辛辣な批評を記した者もいる（埼玉県立文書館蔵「藤城家文書」）。

御師宅での料理食材のうち魚介類は、伊勢湾沿岸、そして志摩、熊野灘の漁村から伊勢の問屋街、河崎の港まで運ばれてきた。この地の漁村は、御師という安定した販売先を確保していた点で、参宮文化の多大な恩恵に浴していた。

参宮を終えて伊勢を出立する旅人に、御師から土産が渡される。講を代表して訪れる者たちにとって、仲間へ配る大事な土産物であった。何より大神宮の御祓があり、百本以上もの御祓を持ち帰る者もいた。御師への支払い法にもよるだろうが、御祓二百十本で三百五十文、大祓二十本で百三十二文などという数字が記録に残されている。神楽座の山飾りの榊、扇子、熨斗、風呂敷、箱入りの盃、重箱、大神宮の掛軸、そして二見浦の藻塩草、二見浦の景色を描いたお盆を三日市大夫次郎から受け取った旅人もいた。

大量の土産物を持ったまま、旅を続けるのは厄介なものである。京都・大坂の旅籠屋まで荷物を先に送っておくシステムがあったが、土産物については、御師が国元へ送付するサービスもあった。

参宮と末社巡り

江戸時代の伊勢参宮の作法は、現代とはかなり異なっていた。

まず一人前二百文ほどで裃を借り、御師に連れられ正装で参る。支払う金額によっては、駕籠や馬が御師から出された。

現在の伊勢神宮は、外から板垣《いたがき》、外玉垣《とのたまがき》、内玉垣《うちたまがき》、瑞垣《みずがき》と四重の垣のうち、通常は外玉

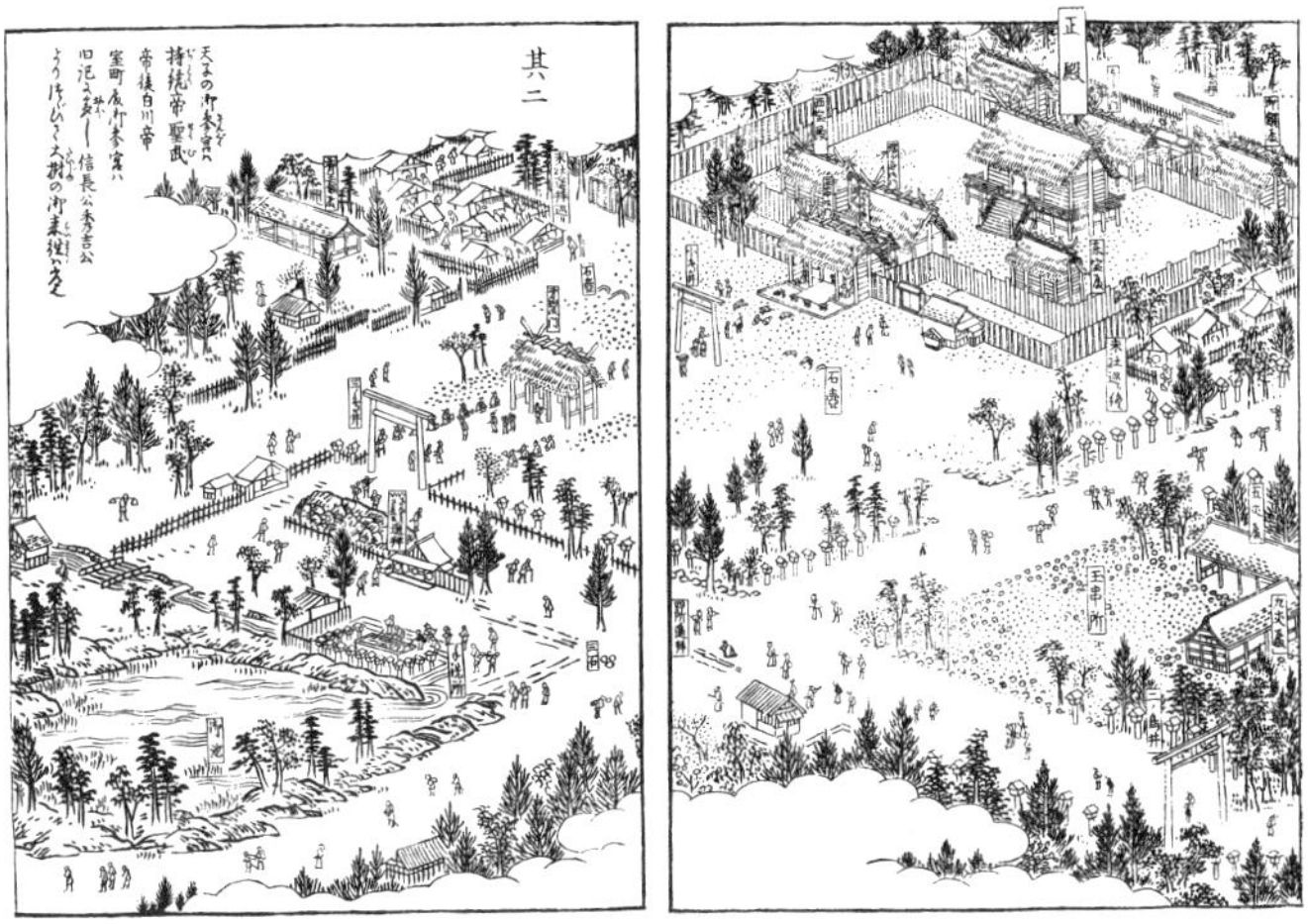

図４　『伊勢参宮名所図会』より「外宮宮中の図（その２）」

垣の門前で参拝する。遷宮のための寄付金次第で「御垣内参拝」（特別参拝）と言って外玉垣門の内側に入ることを認められるが、皇室関係者などでも瑞垣より内に入ることはできない。遷宮前の「御《お》白石《しらいし》持ち」に際して「神領民」が正殿近くに立ち入るのは、例外的な特権であった。だが江戸時代の参宮客にとって正殿は、はるかに身近な存在だった。

『伊勢参宮名所図会』の挿絵を見ると、正殿近くで拝んでいる参宮客の姿が目を引く。玉串御門には白い絹が垂れ下がっており（生絹の御幌）、「豊受皇大神宮《とようけこうたいじんぐう》」あるいは「天照皇大神宮《あまてらすこうたいじんぐう》」と書き付けられている。大々神楽をあげる者は玉串御門の脇から内側に入り、瑞垣御門の前で御供を調進して御師が祝詞をあげた。

参宮客が正殿近くの玉串御門内へ立ち入ることについて、文久三年（一八六三）に朝廷の勅使《ちょくし》が問題視している。勅使は、参宮人のうちで玉串御門内に参入するのは半数近いとの認識を示しつつ、それは「甚だ不都合」とし、禁じた場合の財政上の影響を問うた。神宮側はこれまでの仕来りであり、門内での「私御供御祈祷」を止めては御師一同の生業にかかわり、神事参勤にも支障が出かねない。門内に入れないとの情報が諸国に伝わると参宮人が減少し、両宮の衰微が危惧される、総じて宇治山田は「参宮人にて立ち行きそうろう場所柄」なのであり、中世段階に比べ大きく減少してしまった神領が再興されるのならば別だが、参入停止は死活に関わると繰り返し訴えた。

伊勢の地は参宮客によって保たれているという率直な認識、物言いにも驚かされるが、御師を介するとはいえ玉串門内の私的な御供と祈祷を神宮長官機構が容認している点も、注目される。実質的に「私幣禁断」は、骨抜きにされていると言っても良いであろう。勅使の意向は、神宮側の抵抗もあって江戸時代中は実らなかったが、維新後の神宮改革の予兆であった。

現在の参宮と大きく違うもう一つの点は、内宮、外宮とも拝殿の周囲に「末社《まっしゃ》」が建ち並び、ここを巡拝する習慣があったことである。末社とは神社の格式の一つで、正宮《しょうぐう》

図５　『伊勢参宮名所図会』より「末社順拝」

（両宮）以下、別宮《べつぐう》、摂社《せっしゃ》、そして末社が連なる。外宮には四十の末社、内宮には八十末社があり、伊勢国内の多気郡、度会郡を中心に散在していた。これらを実際に巡る労を厭いて、両宮に接して分社を設けたのである。明治維新後の神宮改革で取り払われるまでは、大抵の参宮客は両宮参拝とともに、その周りの末社巡りをしていた。

末社ではそれぞれ神主が付き、賽銭を勧める。御師手代らも賽銭箱（幣箱）を持参し、金銭を求めた。賽銭を納めると神主が幣をもって家内安全や旅の無事を祈念してくれた。

なお、前述の通り私幣禁断の原則を採る伊勢神宮では賽銭箱は設置されないが、これは現代でも同様で、外玉垣御門内に白布が敷かれ、そこに参宮客が「勝手に」賽銭を投げ入れているに過ぎない。だが、正宮以外の別宮、摂社・末社では別である。江戸時代の末社巡りでは神主たちや同行する御師らが、参宮客の賽銭を奪い合うことになる。

現在は御杣山《みそまやま》として立ち入りが禁止されているが、外宮の別宮である風宮《かぜのみや》、土宮《つちのみや》、多《た》賀宮《かのみや》を過ぎ、後背の高倉山《たかくらやま》を登ったところには天《あま》の岩戸《いわと》と言われた名所があり、江戸時代には参宮客で賑わった。実はここは高倉山古墳という六世紀中頃に作られたと推測される円墳の横穴式石室であり、幅三・三メートル、長さ一〇メートル弱の玄室を持った。神宮の敷地にあることから、古代の天照大神の伝承、天の岩戸に擬せられたのであろう。岩戸の後ろは高天原と名付けられ、八百万の神が集まる所とされ、燈明が供えられた。御師手代らは松明《たいまつ》を掲げて案内し、旅人たちの多くは燈明銭十二銭をあげている。

『伊勢参宮名所図会』の挿絵を見ると岩戸の近くには茶屋があり、神楽殿まであった。茶屋は御師が営んだものとされるが、神楽殿も同じであっただろう。岩戸の前には大きな楠木があり、その下から「日本国中より御神酒」が湧き出すという地があり、ここに諸国から献納された神酒が並んでいた。茶店では「神遠山」という酒が売られていたらしい。

古市の賑わい

「伊勢まいり　大神宮へもちょっと寄り」と川柳で揶揄されたように、参拝は早々に終えて、古市《ふるいち》周辺の歓楽街に繰り出す参宮客も少なくなかった。

江戸時代の伊勢は三都に次いで芝居興行が盛んな地であり、若手の登竜門という位置付けでもあった。諸国の名だたる名優たちの多くも、伊勢の舞台を踏んだのである。歌舞伎芝居だけでなく手品や軽業などの諸芸、異国の動物の見世物なども興行された。大雨で参宮や朝熊《あさま》参詣ができない時などに参宮客を飽きさせないため、御師たちは古市の芝居見物に連れ出した。見物料は御師が支払い、かつ弁当も御師が持参している。

だが、古市が人を集めた核は、やはり遊郭《ゆうかく》である。当時、七十軒もの遊郭があり、合計千人ほどの遊女を抱えていたが、なかでも備前屋、杉本屋、油屋、柏屋の四軒が「四大家」として栄えていた。百畳近い大広間で、三味線や胡弓《こきゅう》を奏でつつ二、三十人の遊女が「伊勢音頭」を踊るのが売り物であったが、見物料は講中で十人位までは一両という金額であった。来客がそのまま泊まることもある。享和三年（一八〇三）に武蔵国多摩郡から訪れた旅人一行などは、伊勢に五泊して大々神楽をあげてもいるのだが、御師宅に泊まったのはわずか一日のみで、後の四日は古市の遊郭で夜を明かしている。

御師は芝居小屋と同様に古市遊郭とも密に連携を取っており、多くの旅人は御師の案内で古市へ遊びに行った。天保十三年（一八四二）に山田奉行は、御師が参宮客を古市など遊郭街へ駕籠で送迎することを咎めている。天保改革の風俗統制の一環として発令されたものであろうが、それだけ御師による遊郭への案内は常態化していたのであり、一時的にはともかく、天保改革の波が過ぎ去った後には元に戻ったであろう。

朝熊参詣

参宮客の多くは、御師手代の案内で駕籠に乗り、標高五五五メートルの朝熊ヶ岳を尾根伝いに登り、頂上近くの名刹、金剛証寺《こんごうしょうじ》に赴く。ここは「朝熊掛けねば片参り《かたまい》」と言われるほど、伊勢参宮に馴染みの深い地であった。だが金剛証寺は虚空蔵菩薩《こくうぞうぼさつ》を本尊とする臨済宗の寺院であり、伊勢西国三十三所の第二番札所でもあった。神宮神主の案内で寺院を参拝するという、まさに神仏習合の時代に特有のあり方と言えよう。旅人のなかには、「ここで納経を取る」（納経帳に朱印と寺院名を貰う）とした者も居る。

朝熊ヶ岳に至る峠道には御師御用達の茶屋が建ち並び、ここで休憩して御師手代が持参した弁当を食べた。茶屋は古市遊郭ともつながっており、休息中の旅人に遊郭から差し入れが届けられ、遊女たちの踊りが披露されることもあった。御師を中心に、歓楽街や周遊地との間で参宮客を接待するネットワークが築かれており、それは志摩にまで広がっていた。

不埒な参宮客と神主

不埒な参宮客と宮人

伊勢参宮に訪れたのは、神宮崇敬の念の篤い真面目な者たちばかりではない。文政元年（一八一八）の五月、摂津国西成郡《にしなり》（大阪市西部）から二十四人連れの一行がやって来た。彼らは外宮で末社巡りを始めるが、甚だ「気荒」の様子だったので、宮人が前後に一人ずつ警戒に付く。彼らは酒に酔い、荒ぶる行為が目に余ったため宮人たちが制止するが、言うことを聞かないばかりか宮人らが持っていた脇差《わきざし》を抜き取り、振り回して怪我を負わせるという狼藉《ろうぜき》を働いた。やむを得ず四人を拘束し、彼らの御師である丸岡宗大夫に掛け合うこととなる。翌日、神宮役所に一行二十四人全員と御師を呼び出し、宮奉行と宮人らが取り調べるが、酒の上での不埒として詫び証文を出すことで何とか収まった。

この事件は後に山田奉行所の知るところとなるが、山田奉行は神宮が報告もなしに勝手に参宮客を取り調べたことを問題視する。この過程で神宮側は、安永十年（一七八一）、寛政七年（一七九五）などに同様の事例はあった、としている。

天保十三年（一八四二）二月二十七日には、またもや摂津国の住吉《すみよし》郡平野村の一行が、末社の鏡に向かって石を投げるという所業により取り押さえられた。一行中に「狂気体」の者が居たとして、同日中に詫び証文が提出されている。この二日後には近江国（滋賀県）からの二十三人組が、式年遷宮《しきねんせんぐう》に向けて造営中の建物に、詳細は不明なものの「言語に絶する」狼藉を働いたとして、やはり詫び証文が提出された。この二件は山田奉行所に報告されることなく、内々に処理されたようである。

宮人たちが制止して収まれば良いのだが、さらなる大騒動に発展してしまったのが、万延元年（一八六〇）閏三月一日の事件である。大和国高市《たかいち》郡（奈良県）から来た一行は、諸社へ石を打ち掛け、奥宮の保止志神社（大年《おおとし》御祖《みおや》神社か）に献じられていた賽銭を奪い取り、散乱させるという所業に及んだ。山内という宮人が制するが、大和の者たちは賽銭泥棒の扱いを受けたと激怒して山内を打擲し、拘束したまま宿まで引き摺って行った。途中で奥宮年寄たちが彼らに立ち向かい、山内を引き取ろうとして揉み合いとなり、双方に怪我人が出る。大和の一行は百人もの多勢だった上、脇差を持ち出し、長い木竹の類で暴れ回ったらしく、特に宮人側に重傷者が多かった。山内自身も頭を殴られ腕をねじり上げられるなどされたため、頭痛と身体の痛みを訴えている。この事件では大和国の参宮人たちが宮人らの対応を不満として山田奉行所に訴え出たのだが、その顚末は後述する。

宮人と参宮客との間には、もめ事が絶えなかったようだ。例えば元禄十年（一六九七）だけでも、一月晦日に宮人が常陸国（茨城県）の参宮客と口論、六月十八日にはやはり口論中の参宮客に対して宮中から投石があり、十二月二十六日にも口論によって、いずれも宮人の宮中出入差し止め処分が下されている。

寛政九年（一七九七）六月二十三日に内宮の神主は、山田奉行所で参宮人と宮人との間に口論が発生した場合の対応を尋ねられ、次のように返答している。まず宮奉行手先の者と宮目付らが双方の言い分を聞き、調停する。それで済まなければ宮奉行が立ち会い、双方を納得させるように努め、長官にも報告する。それでも収まらなければ、参宮客の御師に掛け合って解決させる、と。神宮側の公式見解であるが、山田奉行所に届けることは想定されていない。

宮人たちの狼藉

宮人と参宮客とのトラブルが頻発したのは、神宮の習俗や決まりを熟知しない参宮客に宮人が様々な規制を強いたことも一因だろうが、けしからぬ宮人もいたらしい。安政三年（一八五六）二月二十九日には、山田奉行所の町目付が宮奉行たちに対し、宮人が参宮客から賽銭をねだり、拒むと道を通さないなどの所業に及ぶことを咎めた。特に正殿廻りの末社の宮人たちによる参宮客への狼藉は江戸時代初期から確認でき、統制令が頻繁に出されていること（『大神宮史要』）からも、幕末に至るまで続いたようだ。

寛永十八年（一六四二）に外宮の宮人中が不作法を書き上げた口上書より、当時の状況を見てみよう（『宇治山田市史資料』）。外宮長官檜垣常晨の役人が、不法な行為を働いた宮人を咎め、宮中出入を差し止めた一件に際して出されたものである。

宮人たちは以前から参宮客の案内をしていたが、末社の宮々で「宮請」の者が数人から七、八人ほども待ち受け、無理に押し止めて悪口雑言を浴びせて通行させない。御師が女房や童に幣箱を持参させて来れば、前に立ち塞がり賽銭を奪い取ろうとする。銭がないと断れば、いよいよ悪口を申し募る。参宮客を突き倒して気を失わせることすらあった。ある時は、抜け参りとおぼしき六十歳ばかりの男と子供三人に対して、初尾銭（初穂銭）をあげろと言って先へ通さず、荒々しく小突き倒し、懐へ手を入れて叱り付け、突き転ばした。乱暴を受けて鼻血を出した抜け参りの者は声を上げて泣き、本社の前へ出て鳥居の下で「神は御座なきか」と言って、いよいよ大声で泣いたという。遠路はるばる伊勢まで訪れ、その社前で「神はいないのか」と泣き叫ぶ心境は、いかばかりであっただろうか。

大和参宮人の狼藉と山田奉行

さて、前述の万延元年（一八六〇）の大和高市郡の参宮人狼藉一件は、山田奉行所が参宮人をどのように扱ったのかを知る良い材料となる。

大和国の一行は百人余りもいたが、そのうち八人のみが外宮の宮奉行によって捕らえられた。残る者たちは逃げ去り、翌朝に外宮御師・前野河井大夫宅を発ち、案内を断って内宮へ向かうが、途中にある歓楽街、間の山などでも乱妨を働いたとの噂である。その日のうちに帰路に就くが、外宮の宮奉行は宮川を越え櫛田《くしだ》（松阪市）まで一行の「世話人」を追いかけて呼び返す。だが代表者二人は、この参宮は領主から御暇を得て参ったもので、このような扱いを受けるならば御師を通して山田奉行所へ訴える、御師が取り次ぎがないならば領主の添状を持参して出願する、などと強情を張る。

しかしながら訴訟を受けた山田奉行所の対応は、彼らの予想とは全く反するものであった。当時の山田奉行・秋山正光は、幕府が普請した神宮の宮中で乱妨を働いたことは「不届」「甚《はなはだ》不心得」であり、「殊《こと》の外お叱り」であった。領主の添状を以て願い出るなどと申すが、山田奉行所はいずれの領分でも証拠を取り調べ吟味するのである、今回の件は、宮人たちは町からの追放程度だが、乱妨を働いた参宮人は首がなくなるほどの罪に当たる、命がなくなっても良いのであれば取り調べても良いぞ、と厳しく申し渡し、内済を命じた。彼らについての情報を、奉行所は思いがけぬ方法で集めていた。町目付に命じ、宮川を渡る参宮客たちを調べ、乱妨を働いた者たちの隣村の者を見付けて、彼らの普段の様子を聞き取っていたのである。これにより、村方でも争いごとを好む「横道者」だという情報を得ていたため、山田奉行は厳しい叱責を行ったようだ。なお宮人の山内栄治郎は、表向き処分を申しつけるところ、外聞を考え病気の扱いで自宅での謹慎という処分に留められた。

賽銭泥棒

参宮客の賽銭を狙う盗っ人たちも、周辺を徘徊していた。安政初年の事例を見れば、まず安政元年（一八五四）四月四日に内宮奥宮で賽銭四百文ほどを盗んだ志摩の者が召し捕らえられた。盗んだ金銭は当然没収され、牛谷の者に身柄が引き渡される。ちょうど巡回してきた山田奉行所の目付にも届けられた。六月二日には、内宮正面の賽銭箱の桟が切り破られているのが発見される。内宮長官役所の者は、先だっての同様の事例について山田奉行所には報告せず、目付へ申し入れて済ませたとし、今回も同様の扱いで良いとしている。賽銭泥棒は頻繁に発生したためか、通常は放置されたのであろう。もっともその翌年四月十六日に内宮僧尼拝所の賽銭箱が破られ銭二百文が盗まれた際には、宮目付は奉行所の町目付に警護を依頼することを指示されている。

参宮人同士の喧嘩口論

文化元年（一八〇四）三月二十二日、外宮の流水場辺で大坂島之内（大阪市南区）からの男女三人ずつ六人の参宮客と、河内国枚方《ひらかた》（大阪府枚方市）から二十人連れの参宮客とが口論となった。河内の者から打擲に会い出血した島之内の者が脇差を抜いて振り回し、大騒動となる。河内の者たちが散り散りに逃げたあと、宮人らが取り押さえ、脇差も取り上げた。流血沙汰となったために双方の御師を呼び出し、取り調べがなされる。御師たちは、宮中を「案内」する立場として、参宮人同士が口論に及んだことを叱責される。結局この一件は、河内の者たちから詫び状を提出させ、内済することで収束した。神宮は山田奉行所への報告を気にしたが、三方会合と相談の上、内々で済ませることになった。

宮山の木盗み

神宮の後背地に広がる宮山は、遷宮の用木の伐り出し地でもあり、厳重に管理される地であった。だが周辺の住民にとって、山は生活の手段を得る場でもある。

貞享五年（一六八八）八月、三方会合は神宮の訴えを受けて、外宮宮山の木を伐った坂世古（八日市場町地内）近辺の者を閉門に申し付けている。こうした事例は江戸時代を通して何度かあったと思われ、安政元年（一八五四）にも、宮山の木の皮を剥ぎ取る者たちのことが両宮の間で問題となる。五月頃、島路山《しまじやま》で木の皮を籠に入れて通り掛かる者を山廻の者が見咎めたところ、大淀村《おおよど》（多気郡明和町大淀）の者で、志摩国畔蛸村《あだこ》（鳥羽市畔蛸町）で買ったものだと言って逃げ去った。その後の調べで、大世古町《おおぜこ》の渡辺権之進、一本木瓦屋甚兵衛の二人が神宮の役人だと申し偽り、志摩国迫子村《はざこ》（志摩市浜島町迫子）や檜山路村《ひやまじ》（志摩市浜島町檜山路）の者たちを誘い行ったことだと判明する。彼らは月読宮《つきよみのみや》の森や小朝熊神社の森から木斛《もっこく》の木を、外宮宮山で楊梅《ようばい》や椎の木を、五十本ほどの木から皮を剥ぎ取った。これらは染色用として高値で売れるため、大湊から船積みして大金で売り捌いたのだという。この事件は山田奉行所に届けられ、裁許を受けたようである。

その後も住民らが宮山に入り込むことは止まなかったようで、同年十一月にも館町（宇治館町）の〝おつな〟という女性が落ち葉や薪を取っている所を山廻りの者に見咎められ、慶応三年（一八六七）八月にも同様の事件が発生している。

江戸時代の百姓たちは、日々の暮らしに用いる薪や材木、また肥料などの供給源として山地を必要としていた。神宮の聖地として保護されている宮山は、森林資源がほぼ手付かずの状態で守られているだけに、周辺の住民にとって魅力的な場だったのである。

博　奕

現代の日本は、ギャンブルを強く規制する点において世界でも有数の国であるが、これは江戸時代の幕府や藩が博奕《ばくえき》（博打）に厳しかったことに由来すると言われる。享保十一年（一七二六）に幕府が江戸日本橋に立てた高札には、博奕の頭取や胴元を務めた者は、その程度により流罪か場合によっては死罪にも処することが明記されている。

だが、一時の楽しみを享受する旅人が訪れ、無宿者も多い伊勢の地では、密かに博奕が盛んであった。山田奉行や会合組織、あるいは神宮長官から、呆れるほど繰り返し博奕の禁止令が出されており、博奕で処罰を受けた記録も数多い。盗みを主な罪として捕らえられた者たちが、博奕を行っていたことが発覚する事例も少なくない。真偽の程は定かではないが、かの清水の次郎長が千石船を繰って伊勢にやって来たとの話も伝わる。

博奕は廻筒賽《まわりづつさい》（サイコロを使った丁半博打）やかるたを用いたものが多いが、鶏合《とりあわせ》＝闘鶏《とうけい》の博奕も見られる。手を染める者も、悪党や旅人ばかりではなかった。寛政二年（一七九〇）に山田奉行は、近年神主たちの風俗が乱れ、博奕同前の遊びも行われていると指摘する。多気郡にある神宮の直轄領では、村役人らが博奕に関与し、処罰されてもいた。

少し可哀想な事例もある。慶応二年（一八六六）十一月七日の夜、古市に住む表具《ひょうぐ》職人の定右衛門四十七歳は、同じ町の料理職の光蔵、隣町の常明寺門前町の日雇稼ぎ鉄蔵、白銀職人の女房とせ、そして元は蝋燭掛け職人だったが難渋で家を売り払い無宿となっていた六兵衛と一緒に居た。五人は〝ぜんざい〟を食べようと相談がまとまるが、博奕で勝った者が餅をおごることにすれば一興だ、となった。そこで四、五文を賭けたかるたの博奕を行ったのだが、それが山田奉行所に知られてしまう。結局無宿者の六兵衛は手鎖、他の四名はそれぞれ五貫文（五千文）もの過料（罰金）を課されることとなった。定右衛門の家主や古市町の役人らも奉行所に呼び出され、叱責処分を受けている（「哀敬文案」）。

神主の人事制度

神宮の神主たる御師たちが全国の檀那場を分け持ち、伊勢講を組織して参宮を呼び掛けることで、参宮文化が花開いた。では神主となるにはどのような能力、資格と条件が求められたのであろうか。まず、神宮神主の人事システムの実態を検討することにしたい。

神宮の神主

神主の属性は、何より神社組織に属する宗教者であり、その経済基盤は主として「信者」たちに支えられていた。この点でも神主（御師）と信者（道者）との関係は、とりわけ密なものであった。

江戸時代の伊勢神宮は、中世段階に比べれば大きく減少したとはいえ、なお数千石の石高を有する「領主」でもあった。多気郡の直轄領五か村などからは、毎年一定の年貢米が納入されたのだが、神主たちにはどれほどの扶持米《ふちまい》が支給されていたのだろうか。つまり、神主の「経済」を考えた時、神宮と信者とはどの程度の比重だったのか、ということでもある。

神宮は京都在住の公家・藤波氏を「祭主」として仰ぎ、中枢の神主についてはその任免を申請し、許可を得る必要があった。同時に、幕府の遠国奉行、山田奉行の行政的支配も受けている。朝廷と幕府が神宮神主をどのように統制し、任免に容喙したのかも、合わせて考えてみたい。

神主の序列

神宮神主の序列は、家格と職、位階が結び付き非常に複雑なのだが、基本的な構造を見ておこう。内宮・外宮ともに十人の神主が中核組織を作り、その頂点が一祢宜《ねぎ》で、以下二祢宜、三祢宜と順を追い、第十位は十祢宜と称される。なお、以下の記述で十人の神主組織自体を指す際には「十祢宜」と括弧付きで表記し、十番目の祢宜と区別する。一祢宜以下の神主は、一神主、二神主…とも表記される。一祢宜が「長官」として神宮を代表するが、政所大夫、家司大夫や代官らからなる長官家の家政機関（長官機構）が、文書行政や対外的な交渉などの実務を執行する。これに附属して物忌《ものいみ》、内人《うちんど》、宮奉行（宮年寄、宮目付）などと呼ばれる神主がいた。

「十祢宜」に準じ、その地位に就くことができる家格を持つ神主を神宮家、あるいは

「重代権任」などと呼んでいる。以上の「神宮附属」と表現される神主に対して、「地下」と称される神主は、基本的に宇治・山田の住民として三方会合・宇治会合の管轄下にあった。

山田奉行所の尋問と叱責

まず、幕府、山田奉行らは伊勢神宮の神主をどのように認識していたのかを見ておきたい。元禄十五年（一七〇二）九月二十八日、内宮で序列が第七番目の七祢宜の守夏は、定例の出勤で小林村にある山田奉行所へ参上したところ、奉行の家臣の堀内蔵助から、ほとんど説教めいた申し渡しを受ける。要点を意訳すると、以下のようになろうか。

神宮の神主は神事祭礼を専らにして、古法に則り神宮の静謐を守ることこそが、公儀（幕府）への御奉公である。そのためにも神主は学問を深く修めることが肝心で、それにより諸国の手本となる立場である。先年の御条目にも、神祇道を学ばなければ神主を召し放つと仰せ付けられており、これを大切に受け止めるべきである。

「先年の御条目」とは、寛文五年（一六六五）七月に幕府から出された「諸社祢宜神主法度」のことを指す。神主は学問が第一だという主張自体に、特段の違和感はない。だが守夏は、かなりうろたえたようだ。仰ることはもっともだが、神主たちはいずれも手元不如意で家業に取り紛れ、心掛けはあっても学問は疎かになっている、などと弁解した。内蔵助はこれを許さず、さらに畳みかける。学問の障りなど何もなく、心掛けさえあれば務められる。長官から神主中へ念を入れて伝えれば誰もが同意するであろうから、申し合わせて学問に励むべきだ。特に長官以下の「十祢宜」は、神道以外に大切にするものは何もなく、そのために奉行所への公用務めを疎かにしても構わない、とまで言い切った。守夏は「御懇意」を謝し、委細を長官・神主中に伝える旨を述べて引き取ろうとするが、内蔵助はなお、「十祢宜」一人ずつの行跡と学問について、様子を問い質したという。

かくも執拗な尋問について守夏は、この間に奉行所側が「神宮中行跡悪しき由」を聞き及んでいるからであろう、と解説を加えている。神主の勉励を強硬に求めた山田奉行家臣に対して七祢宜守夏が返答に言いよどみ、弁解に追われたのは、神主の本来あるべき姿とは違う「行跡悪しき」という実態があったからに違いない。神主たちの風紀はその後も再三問題とされ、寛政二年（一七九〇）九月には、次のような内容を含む申し渡しが山田奉行から出されている。

神宮はもちろん御師たちも、常々「神道専一」とするのは当然のことだ。祈祷は重い務めで、丹精すべきである。だが心得違いの神主も間々あるようで、祈祷料に応じてお祓いを納めれば事が済んだように心得て、神慮を恐れずに職を実意に務めず、遊戯にばかり心を寄せ、茶事、蹴鞠、生け花、俳諧、囲碁の会席などと唱えて酒席を専らにし、博打同前の遊びもしていると聞こえており、不埒の至りである。すべて御師は檀家と参宮客の神徳で成り立っており、檀家の安全を祈り神敬第一に心を尽くすべきところ、日々遊興に心を寄せるために家業もなおざりになる。家職第一に心を尽くせば、倹約の基にもなる。

茶道や蹴鞠、生花、俳諧、囲碁の遊興のみならず、博打にまで手を出しているのは、およそ神主にあるまじきことであろう。元禄年間に山田奉行の家臣から学問への覚悟を問い質された長官以下「十祢宜」らの「悪しき」所行も、これに類するものだったと思われる。

寛政五年（一七九三）十二月十六日には、後述する神主の勤務評定に関し山田奉行所からの圧力が加えられるなかで、次のような問い合わせがあった。

一、神主へ権官より進み、又は長官へ神主より進みそうろうものは、学文身持などよろしきものを撰び、追々進み申すべき筋にこれあるべき哉、右は当所旧記などに相見え申さずそうろうや、旧記相調べ申し出るべきこと

「権官」から昇任し「長官」まで進むとあるから、「十祢宜」のことを指している。山田奉行所は、こうした神宮中核の神主の昇進は「学文身持」が宜しい者、つまり能力主義で選んでいるのか、と問い質したのだ。これに対する返答は確認できないが、実態はそれとは全く相反するものであった。

「十祢宜」の就職争い

寛文八年（一六六八）十一月二十五日早朝、内宮で四番目の序列の氏勝が卒去した。それに伴い五祢宜以下の神主が一つずつ昇進し、十祢宜が欠員となる。後任をめぐり二祢宜経晨の息・経晃と、先に二祢宜であった守隆（寛文元年六月に死去）の息・守相の二人が名乗りをあげる。祢宜となるには朝廷へ叙任を申請する「款状《かんじょう》」が必要であったが、その提出を巡り、両者で競うこととなった。結局守相が十祢宜に就くのだが、款状を持つ飛脚が氏勝の死亡時刻よりも早く伊勢を出たとして、経晃側から異議の申し立てが出された。朝廷は祭主経由で、内宮長官機構に審議を指示する。

経晃の朝廷宛ての訴状は記録に残っていないが、守相の款状は十一月二十五日卯刻（日の出時刻）――氏勝が死去した寅刻の一刻後――を記すものの、実際には死去前、深夜の丑刻に款状を持つ飛脚が伊勢を発足した、という告発であった。過去には款状の刻限間違いを理由に一番、二番の者が刎《は》ねられ、三番目に届いた款状が採用されたことがあったと主張してもいる。

疑惑を掛けられた守相側の反論を見てみよう。病中の四祢宜・氏勝の容体が悪化し、あと数日の命だとの情報に接し、「内々祢宜職の望み」を持っていた守相は、確かな人物二人を選んで、氏勝の病状がいよいよ危機に陥ったならば知らせてくれるようにと頼んでいた。十一月二十五日の「夜鳥過」に、そのうちの一人が氏勝の危篤を伝えて来たため、守相方では款状奏上の準備に入り、同時に他からの飛脚の動きを警戒し、道筋のあちこちに見張り番を配置する。十祢宜の座を経晃と争うことになりそうだとの情報は、すでに把握していた。経晃方に出入りしている理兵衛と清兵衛という者が用ありげに通り掛かり、古市の者を飛脚に雇い、款状を古市へ持参した様子でもある。そうこうするうちに氏勝がついに死去したとの報せが届き、守相は直ちに飛脚を出発させた。その後、内宮の惣門番所に尋ねたところ、経晃に出入の二人が慌ただしく駈け通ったとの話である。

ともあれ、守相と経晃の二人のもとから、各々の款状を持つ飛脚が京都へ向かった。守相の飛脚が先着したことで守相が念願を果たすのだが、彼の答弁から飛脚の競う様相を見てみよう。

一、款状の飛脚、京より帰りそうろうて申しそうろうは、上りには道中にて経晃飛脚と三度互に追のけ追い負けそうろう処に、経晃の飛脚やはせを舟に乗りそうらへは、落風仕り舟遅りそうろう、我々は陸をかけ上り、一番に款状指し上け申しそうろう由、申しそうろう御事

参宮街道を北上した飛脚は、恐らく津から東海道の関宿に向かい、鈴鹿《すずか》峠を越えて行ったのであろう。その間、双方の飛脚は抜きつ抜かれつを三度繰り返した。琵琶湖に面する

草津の「矢橋」まで来たところで、経晃の飛脚は船に乗り京都を目指す。ところが風が悪く、引き続き陸路を駈けた守相の飛脚に遅れを取ることとなった。守相はこのように述べた上で、経晃が非難するような氏勝死去前の飛脚出立を否定する。万が一、氏勝が快復して生き延びたら申し訳が立たないような行為をできるはずがなく、氏勝の死去をとくと確認した上で飛脚を出した、とする。

だが、経晃側は納得しない。氏勝の容体を窺っていた配下の清兵衛は、守相の飛脚は氏勝の死が判明する前に出発したことを見て、経晃の下へ「何とて油断なされそうろうや」と出立を急き立てた。だが経晃は氏勝の死を確認せずに飛脚は出せないとし、款状にも死を知らされた時刻である寅刻を記して提出した。多気郡の神宮直轄領の斎宮《さいくう》村は参宮街道に面しているが、そこに住む百姓八兵衛からは、守相の飛脚は当日未明に通ったのに対し、経晃の飛脚は夜明け後であり、その間には二、三里の隔たりがあった、との情報も伝えられた。

この論争は結局「虚実不分明」で神宮側では判断が付かないとして、京都の祭主に対応を丸投げする。その後の経緯は不明ながら、十二月二十六日に当初款状を受理された守相が、そのまま正式に十祢宜職に就くことになった。なお、十三年後の天和元年（一六八一）に経晃も十祢宜となり（守相は八祢宜に昇る）、宝永元年（一七〇四）には守相は長官に就いた。彼は享保三年（一七一八）に死去するが、その後には経晃が長官となっている。二人は実に四十年近くもの間、「十祢宜」の仲間だったことになるが、就職当初の遺恨は解けていたのであろうか。

双方が争った事実関係、特に飛脚の出発時刻や駆けっこの真相は分からない。だがはっきりしていることは、欠員となった十祢宜の後任を決めるほぼ唯一の基準は、京都の祭主の下へ款状を最初に届けた者だ、という点である。つまり「早い者勝ち」なのであり、だからこそ死を確認するタイミングを見計らい、急ぎ款状を持つ飛脚を派遣したのだ。ただし死去以前の出立はフライングとして失格となるのであり、それゆえに危篤状態の報を得て怠りなく準備を進め、番人を付けてその時を待ったのである。「十祢宜」を務める神主の死を悼み、慎む意識とはほど遠い感覚があった。

山田奉行所は神宮神主に対し、公儀への奉公として学問の研鑽を求め、人格識見に優れた者が昇進するべきだとの至極真っ当な見解を示していた。だが、「十祢宜」に欠員が出た場合の後任人事の実態は、「十祢宜」になり得る家格、「重代権任」たることが前提ではあるものの、そのなかでは伊勢から京都へ款状を運ぶ飛脚の先着順なのであり、能力主義とはまったく無縁であった。また、いったん「十祢宜」に列すると特別な事情がない限り生涯退職することはなく、死去しなければ欠員は出ない。そして欠員が出る度ごとに、その次席の者が順繰りに昇進していく。十人のなかの序列は決して入れ替わることがなく、長生きさえすればいつかは一祢宜＝長官にまで上り詰めることができる。つまりは、究極の終身雇用人事システムなのであった。

守相と経晃のように、「十祢宜」の座を目指して奔走する神主の姿からは、「十祢宜」就職に伴う経済的利益の大きさを推測させる。ただ、こうした争いは江戸時代中に始終発生していた訳ではなさそうで、欠員があるにも関わらず、手を挙げる者がいないという事態もあった。その背景となった、「十祢宜」就任に伴う損得勘定を見てみたい。

「十祢宜」の欠員と任料

全三冊からなる『神宮典略』という資料集は、戦前に神宮司庁が神宮に関する重要な文献資料を集成したものだが、その別巻に『二宮禰宜年表』があり、内宮・外宮別に各年の「十祢宜」たちの名前が網羅されている。これによると天明元年（一七八一）八月の段階で、内宮長官以下の神主機構は一祢宜から八祢宜までの八人しかいなかった。この年三月二十二日に二祢宜の守侑が、六月二十七日には一祢宜長官の守浮が相次いで死去するが、席次は繰り上がったものの、後任を補充できずに二人の欠員が生じてしまう。江戸時代初頭以来例のないこととして、京都の神宮伝奏が祭主機構を通して伊勢に事情を問うて来る事態となる。内宮一祢宜は、「十祢宜」に就くべき資格（家格）と就職の望みを持つ者も、近年は困窮して「役料ならびに新任の用脚」が調わないために申請がなされないのだ、と返答した。朝廷に奏請して「十祢宜」となるには、家格を有し競争相手に先んじて款状を届けるだけではなく、一定の金銭を用意せねばならなかったのである。

どれほどの額が必要だったのだろうか。同年の九月八日には、前記二人の死去に伴い一祢宜に昇進していた氏彦も死去して、ついに欠員は三人となってしまうのだが、その際に祭主との間で、申請の障害となる「任料」の負担について触れられた文書がある。それによれば、申請者は朝廷機構の弁官に米五石、壬生官務に対して八石五斗、神宮伝奏と祭主には各二十五石、合計六十三石五斗を「任料」として納める定めであった。石高で表記されるものの、現米ではなく一石につき一両の金納ないし六十三匁替えの銀納であったようだ。これに加えて「近例仕来り候御礼物」として「羽二重《はぶたえ》一疋につき金弐百疋ずつのつもり」で差し上げるべきとなっている。金二百疋とは二分、金半両を指すが、この礼物がどこへどれだけ、何名分が納められたのかは分からない。

任料調達の方策

この任料の高さが欠員の生じる最大の原因として、対応を迫られた内宮長官らは祭主側に対し、奏請時の一括納入ではなく年賦払いにできないかと打診する。当初は全額を五か年賦で十二石七斗ずつと提案するが、祭主の家臣からの返答は、弁官と壬生官務に納める十三石五斗分は初年度に残らず納めるべしとし、その代わりに伝奏と祭主への五十石は翌年からの五か年賦を認めた。なお、礼物は初年度の納入を求めている。

内宮長官機構では、分割納入に加えて金銭の融通策も講じた。「十祢宜」機構に属する「仲間」として金十八両を任職希望者に無利息で貸し付け、三十両は本人の才覚で用意させ、計四十八両で初年度に納入する任料十三石五斗（金納で十三両二分程）と、「礼物」や京都への道中費用、衣類装束を調え、宿館の装具を改める等の費用に宛てさせたのである。翌年からの五年賦分を合算すれば総額でほぼ百両に近い額が、「十祢宜」となるために必要な経費であった。

なお、この年の九月に内宮一祢宜（長官）に就いた経高の記録によれば、過去に寛永十年（一六三三）の経盛の任料については水戸中納言（水戸頼房）が、同十四年の氏勝の分は春日局が賄ったと伝える。檀家に権門勢家がいる場合、その寄附に頼ることもあったようだ。

貸金回収策

申請者に無利息で金銭を貸し付ける長官機構では、回収方法を確保していた。「十祢宜」就任に伴い、直轄領から納入される年貢が配分される。度《わた》会《らい》郡にある瀧原宮《たきはらのみや》門前の野後《のじり》村は紀州藩と神宮との相給《あいきゅう》村落だが、四百五十石分は内宮領とされていた。物成《ものなり》（年貢高）は百五十石で、それが瀧原宮に三十石のほか、内宮の一

郵便はがき

1 1 3-8 7 9 0

料金受取人払郵便

本郷局承認

6427

差出有効期間
2026 年 1 月
31 日まで

東京都文京区本郷 7 丁目 2 番 8 号

吉川弘文館 行

愛読者カード

本書をお買い上げいただきまして、まことにありがとうございました。このハガキを、小社へのご意見またはご注文にご利用下さい。

お買上書名

＊本書に関するご感想、ご批判をお聞かせ下さい。

＊出版を希望するテーマ・執筆者名をお聞かせ下さい。

お買上書店名　区市町　書店

ご氏名《ふりがな》		年齢　　歳　男・女
〒 □□□-□□□□ ご住所	電話	
ご職業	所属学会等	
ご購読新聞名	ご購読雑誌名	

今後、吉川弘文館の「新刊案内」等をお送りいたします(年に数回を予定)。
ご承諾いただける方は右の□の中に✓をご記入ください。 □

注 文 書

月　日

書　名	定　価	部　数
	円	部
	円	部
	円	部
	円	部
	円	部

配本は、○印を付けた方法にして下さい。

イ. 下記書店へ配本して下さい。
(直接書店にお渡し下さい)

(書店・取次帖合印)

書店様へ＝書店帖合印を捺印下さい。

ロ. 直接送本して下さい。
代金（書籍代＋送料・代引手数料）は、お届けの際に現品と引換えにお支払下さい。送料・代引手数料は、1回のお届けごとに500円です（いずれも税込）。

＊お急ぎのご注文には電話、FAXをご利用ください。
電話 03−3813−9151（代）
FAX 03−3812−3544

祢宜（長官）に三十石、二祢宜以下の九人の神主中に九十石、つまり一人十石ずつが配分された。この年に奏請する神主に対しては、貸し付け分の一部返却として、野後村から納められる当年分の全年貢高を、翌年分は銀三百十五匁（米五石分に相当）を「十祢宜」仲間へ引き取ることとした。祢宜職に伴い得られるはずの年貢を、借金の担保とした訳である。任料納付の年限が済んだ後は、仲間から融通した借金が返済されるまで、野後村が納入する年貢から毎年一両ずつを徴収することも規定された。

これらの返済方法を書き上げたなかには、職田《しきでん》の基本金が毎年入ってくることが明記されている。「十祢宜」就任に伴う収入は野後村からだけではなく、神宮直轄領では「両宮領」として三千四百石を有する多気郡の斎宮村以下五か村の年貢高の方が多かった。ここからの年貢は、祭主たちへ納められる分もあるが、「十祢宜」らには「職」に伴う収入となったのである。

「十祢宜」になれば、これら直轄領からの年貢収入が生涯保証された。元禄年間に守相と経晃の二人の神主が、空きポストを巡り争った背景でもあっただろう。だが、その職を目指して朝廷機構に奏請するには百両近い金銭が必要であり、長期的にはともかく短期的に割が合わない、ないしは用意が難しいと有資格者らに判断された時に、欠員が生じることになったのである。

さて内宮ではこの時、任料を年賦払いとし、経費の一部を無利息で貸し付けることで、何とか三人の欠員を埋めることができた。十一月二十二日付で経陰、守訓、経綸の三人が、八～十祢宜として名前を連ねている。だが、それから二十数年を経た文化二年（一八〇五）には、またもや欠員が生じる事態となる。望むべき者が困窮して「任料」や新任に伴う費用を賄えないという要因も、変わらなかった。任料融通制度が機能しなかったのか、それ以上に「困窮」が進んだのかは定かではない。幕末期にはさらに欠員が常態化し、安政年間以降は二、三名の欠員が続いている。文久二年（一八六二）閏八月には「十祢宜」は六人になってしまい、「内宮祢宜近来人なく、願うべき人御座なく」という状況のため、長官機構では権祢宜《ごんねぎ》たちに働き掛けを強めたようだ。

「有職」神主の任免

金銭を支払って神主の職に就き、職に応じた収入を得るのは「十祢宜」に限らなかっただろう。安政二年（一八五五）一月、内宮奥宮年寄の林一郎大夫から宮奉行会所へ願書が提出された。彼は前年九月に「心得方宜《よろ》しからず」との理由で謹慎を命じられていたが、日数も経ち、日柄も良いからと処分の解除を求める。そのなかで林は、「私儀、ほかに渡世などもござなくそうろうところ、日々難渋仕《つかまつ》りそうろう間」と述べている。宮奉行会所が管轄する宮人たちは、神主という宗教者の属性を持つものの、ここでの務めを「渡世」＝職とし、日々の糧を得ていたのである。

では、職はどのように得られるのか。嘉永六年（一八五三）一月、内宮の滝祭宮内人である上野出雲重識の養子で二十歳の上野駿河重宗という者から、内宮長官機構の政所大夫宛に願書が出された。重宗の出生は京都で、京都町奉行浅野中務少輔組与力の本多順之助の忰だという。何らかの縁で京都から伊勢に養子に入ったようだ。彼は内宮内人職に欠員があることを聞き付け、「神忠」を掲げ、どのような職でも良いから採用してくれ、と売り込みを図ったのである。

宮奉行や内人、代官らを形式上任命するのは朝廷の権限だが、その選任は長官が行っていた。だが、祢宜に準じる権祢宜職も、一般の御師らと同様に伊勢出生であることが大原則であり、どんな縁故があったのか分からないが京都生まれの者は、本来神主たること自体が認められないはずであった。だが彼はもともと上野家と「縁類」で、伊勢で生まれたも同前という理屈を唱えて出願に至っている。内宮長官機構も京都の祭主もこれを認めたようで補任状《ぶにんじょう》が出され、重宗は同年四月に無事、荒祭宮《あらまつりのみや》内人職に就くことができた。伊勢出生という原則すら絶対的なものではなく、神宮で職を得るには長官組織などとの縁故（コネ）と働き掛けに拠る部分が大きかったのだ。

神主の勤務実態と外部評価

神主の出勤簿

神主である以上、山田奉行所に説教じみた言い方をされずとも、神道を学び、神社の儀礼に参加するのは当然のことであろう。伊勢神宮では年間を通して数多くの神事が執行され、神宮警備などの仕事もあったが、それらへの神主の出勤状況を示す「参否帳」、つまり参ったか否かを書き記した帳面がある。明和八年（一七七一）十二月二十七日に内宮長官機構から権任中（一般神主。権官中とも称す）に対して、三か条の触れ達しが出された。

権任中へ申し触れの覚

一、三祭礼祈念祭並びに臨時御祈、毎月番直三旬日参拝の方は、本宮番所へ名前書き記し、御申し届けこれあるべきこと

吉川弘文館 新刊ご案内

〒113-0033 東京都文京区本郷7丁目2番8号
電　話 03-3813-9151（代表）
ＦＡＸ 03-3812-3544 ／振替 00100-5-244
（表示価格は10％税込）

● 2024年1月

運慶・快慶・湛慶・院尊・隆円・善円・院誉…。時代の祈りを造形化した仏師たち！

鎌倉時代仏師列伝

山本　勉・武笠　朗著

Ａ５判・二八八頁・原色口絵四頁　二七五〇円

院派・円派・慶派などに分かれ、京都・奈良・鎌倉や地方の寺々に仏像を残した仏師たち三九名を収録。事績と作風の特徴を図版とともに解説する。優れた造仏の技量に加え、時代と社会のなかでの個性豊かな生き様に迫る。

史実に基づく正確な伝記シリーズ！

人物叢書

日本歴史学会編集　四六判

藤原広《ひろ》嗣《つぐ》

北　啓太著

（通巻322）二八八頁／二四二〇円

藤原四兄弟のうち式家宇合の嫡男でありながら、突如大宰府に左遷。僧玄昉・吉備真備の排除を訴え挙兵するも敗死する。奈良時代最大規模の内乱の首謀者となった生涯に迫り、死後怨霊として伝承となった姿にも説き及ぶ。

成《じょう》尋《じん》

水口幹記著

（通巻320）三〇〇頁／二四二〇円

平安時代中期の天台僧。六十歳で宿願の渡宋を実現。聖跡天台山・五臺山巡礼を果たす。現地での日常生活や皇帝との謁見、祈雨成功などを渡航記『参天台五臺山記』から読み解き、宋で生涯を終えた巡礼僧の実像に迫る。

三浦義村

高橋秀樹著

（通巻321）三〇四頁／二四二〇円

鎌倉前期の有力御家人。幕府内の政争や実朝暗殺、承久の乱を北条氏と共に乗り切る。執権泰時と協調して新体制を支え、朝幕関係の要として朝廷や貴族からも頼りにされた。『吾妻鏡』などに史料批判を加え、実像に迫る。

一、三祭礼以下の参拝ならびに自身の参否、各帳面に記し置かれ、正月より六月に至り一冊、七月上旬に長官家へお差し出しこれあるべくそうろう、七月より十二月に至り一冊、翌年正月上旬長官へお差し出しこれあるべくそうろう、但し不参の節病気故障のことわり、その訳書き載せらるべし、右を以て官家において相調え、年中両度に京都へ注進におよぶべきこと

一、そうじて不参の事、病気故障雑穢ならびに父母大病等にて参勤相成りがたき程の儀は承り届け置き、その旨調進致すべくそうろう、自由の不参これあるまじきこと

三祭礼とは九月の神嘗祭《かんなめさい》と六月、十二月の月次祭《つきなみさい》のことで、神宮で最も重視された神事である。これに臨時祈祷や毎月の番直と旬日（十日）ごとの参拝の務めに出る者は、本宮の番所にある帳面、いわば出勤簿に名前を書き記すべきことが求められた。同時に自分でも出勤状況を把握しておき、年に二度、七月と正月に半年分の出勤状況を帳面に仕立てて長官家に提出すべし、ともされた。病気や怪我、「雑穢」や父母の病気等で出勤できない場合はその旨を届け出、勝手な欠勤はしてはならない、ともしている。

翌二十八日には、内宮政所大夫から権官中に対して、次のような廻文も出された。

一、権官中へ廻文

年中神事番直参否帳向後御覧あるべくそうろう間、年中両度に注進致しそうろう様

祭主殿仰せ出だされそうろう、よって別紙の通申し触れそうろう間、間違いなき様
御心得なさるべくそうろう、以上

「参否帳」自体は十八世紀前半期には見られるものだが、この時に京都の祭主（藤波氏）の意向により、半年ごとに祭主へ提出することが求められ、参否帳のあり方も改編されたようである。本宮番所の出勤簿も、この時に始まったものではなかろうか。ここで「出勤簿」が設けられるとともに、半年ごとに提出される神主個々の参否帳を長官機構で集約し、京都の祭主へ届けることとなった訳である。病気や服忌、雑穢、父母の大病などの場合には欠勤が容認されるが、それ以外の不参加については理由を詳しく書き記すことが求められた。これも、この時の改編の結果らしい。

参否帳の提出を義務付けられた者は神宮神主全員ではなく、朝廷から叙爵を受けた者だと思われるが、安永四年（一七七五）上半期の例では「祢宜」十名（「十祢宜」）、「重代権官」十八名、「地下権官」三十九名に加えて、人数は不明だが「諸内人物忌」が対象となっている。内宮では計七、八十名の人数となろうか。当該期間のすべてについて病気等で不参の場合、参否帳に代えて小折紙でその旨を断ることが義務付けられたが、安永四年上半期では祢宜で三通、重代権官と地下権官で各二通が出されている。

だが、この参否帳をきちんと提出しない神主が居り、長官機構を手こずらせた。安永五

年（一七七六）一月に林主水、林勘解由の二人は、家内に病人が出て取り込んでいたため神事に不参加だったとするが、参否帳には「所労」とのみ記して提出した。病名を詳しく記すように求められるものの、失念したとして押し通そうとする。一月十四日に出された内宮政所大夫の督促状によれば、二人はこれまで通りに受領して欲しいと言うが、病気の子細を書き記すのは祭主からの強い仰せだと指摘している。もはや、神事不参の理由として病気と記すだけでは済まなくなった。内宮の政所大夫は、明日までに間に合わなければその旨を京都の祭主に報せると通告するが、結局二人からは十六日に「病様」が記された参否帳が提出され、事なきを得た。この前後には、他に二見若狭、中西雅楽、そして後述する坂藤馬も、同様の督促を受けている。

神宮に奉仕する神主である以上、神事に従事することは至極当然であり、病気や穢れなどの事情により欠席したとしても、それはやむを得ぬ例外的なことだと、普通は考えられよう。しかし、わざわざ参否帳という形で神主個々の参加状況を申告させ、取りまとめて朝廷機構へ提出し、かつ祭主は欠席の理由を単に病気とするのを許さず、詳細な説明を求めた。加えて、この参否帳の作成を拒んだ神主がいたらしく、また前述の林主水と林勘解由の二人などは、状況から見て本当に病気であったのかは疑わしい。神宮神主の働く世界は、どのような実態だったのであろうか。

神主の勤務評定について、寛政五年（一七九三）に今度は幕府側から圧力が加えられた。寛政改革の一環として、山田奉行から長期不勤の神主の調査と報告が求められたのである。神宮の神事を最終的に司るのは祭主であり、祭主が神主らの神事出勤状況を把握することは、組織内部での統制といえよう。だが、この時から幕府の遠国奉行による、いわば「外部評価」が始まったのである。十二月十六日、山田奉行から神宮に対し、次のような指示が下された。

山田奉行による「外部評価」

十か年以来、神事など不参致しそうろう神主、その外神役の者、姓名書き出し申し出るべきこと

但し、不参の節は何の障りにて罷《まか》り出《い》でずそうろう段、書き出し申すべきこと

神事に不参の神主の書き上げが命じられているのであるが、返答から見ればこの「不参」とは、一度や二度の欠勤などではなく、半年を単位に全く出勤がなかったことを指している。十二月二十九日に内宮長官神主中から山田奉行所に対し、過去十年間、半年ごとに神事に「皆不参」であった神主の名と、その理由を書き上げた報告書が提出された。もちろんこれは、毎年京都の祭主へ届けられる参否帳の控をもとに、作成されたものである。

半年間一度も神事に参加しないなどという神主が、いったい居たのであろうか。少なからず、居たのである。最初の調査期間である天明四年（一七八四）一月から六月までの間

には、「頭瘡眩暈《ずそうげんうん》」を理由とする二祢宜と「温疫《うんえき》後眩暈」とする五祢宜をはじめ、単に「病身」とする者も含め、重代権官で十一名、地下権任十八名、内人七名、計三十八名もの神主の名が列挙されている。以後、寛政五年（一七九三）の前半期に至るまで、半年ごと十九の期間について同様の記録が残されているが、半年間の「皆不参」が三十八名というのは例外的な数値ではなく、常に三十〜四十名の者が該当し、ほぼ平均値に近い。寛政三年後半期には、五十五名にもなった。調査対象となった神主の人数は確定できないが、おおよそ該当者の半数ほどを占めるのではなかろうか。

個々の神主別に見ると、さらに驚くべき事実が判明する。半年間どころか、調査が行われた九年半の期間の神事にすべて「皆不参」の者が四名存在し（うち一名は二祢宜）、七割以上の時期に「皆不参」の者も、三十名に及ぶのである。

「皆不参」の理由としては、病気のほか服忌、幼年・老年、他行が挙げられ、病気の内容では眩暈、足病、痔疾、痰、腫物などがある。足の病や目眩、幼年・老年などにより儀式を適切に務められないことと、血や膿、服忌を伴うなど触穢の観点から神事に支障が生じる場合に分けられようか。なお、安永年間の祭主からの指示にも関わらず、単に「病身」としている者も居り、また大半の期間が「皆不参」でも、その理由が病気、腫れ物、他行、忌服など様々に変わっている者も見られる。「他行」には病気療養の湯治が挙げられるが、それだけではなかったようだ。もう一点、全期間「皆不参」で、理由も「子細申し出ず」としている坂藤馬という地下神主も、存在していた。

ここで改めて確認しておきたいが、半年のうち一度でも神事に出れば、「皆不参」にはならない。神事に関する神主たちの出勤状況が、相当に低かったことを思わせる。

神主が普段求められる勤務とは、どの程度の日数なのであろうか。文政十年（一八二七）から同十三年に掛けての「外宮禰宜参否調帳」（神宮文庫蔵）によれば、外宮の正祢宜（十祢宜）で年間七十数回の出勤日数であり、日々の御饌奉納の勤め番などを合わせれば二百日前後に及んだ可能性もある。「参否帳次第記」（同蔵）という史料では、正祢宜は月に三日から六日ほどの宿直と年間十九日の勤め、合わせて七十五日の勤務であった。明治四年（一八七一）の月読宮物忌職の「参否帳」（同蔵）では、年間で三十六日〜三十八日の神事日数となっている。神主の階層によっても、務めるべき神事日は大きく異なっていた。

不勤神主の「粛正」

前項の山田奉行による調査において、十年近く「皆不参」であった神主について、個別に二人の事例を取り上げよう。まず神宮神主の中枢「十祢宜」の一人、当時は序列第二の地位にあった二祢宜の藤波氏倫について見る。彼は宝暦七年（一七五七）五月に十祢宜に列し、寛政五年（一七九三）段階で五十一歳であった。天明元年（一七八一）に二祢宜に昇進しているが、遅くとも天明四年からは先に見た如く「頭瘡眩暈」のため、全く神事に関わらない日々を送っていた。
寛政五年に山田奉行が行った勤務実態調査の目的は、単なる状況把握ではなかっただろう。それを察したのか、長官側が十年間の勤務状況を山田奉行に報告する前に、氏倫は親類中と連署で京都の祭主に対し、祢宜職辞退の願書を送付した。祭主家臣の返答書は、寛政六年正月元旦に届く。氏倫が病気を理由に長く神事を務めていない状況はかねて聞き及んでいたが、「御憐愍の御沙汰」により、養生中はそのままに差し置くので、特段の仰せがあるまでは職にあるように、という祭主の意向が伝えられた。だが、祭主のみの判断では済まされなかった。

一月一五日、定例で山田奉行所へ出頭した内宮長官名代の中川大炊之助は、氏倫の祢宜職辞職と、それを認める下知状が祭主から届いたことを報告している。これは、二つの点で異例のことであった。まず神主の任免、叙爵《じょしゃく》等の人事はあくまで朝廷機構の管轄であり、山田奉行所に報告する筋合いではない。明らかに前年末に勤務状況調査が命じられ、神宮中枢の神主でありながら長期不勤の実態が奉行所に知られたからで、いわば無言の圧力によるものであったろう。

次に、「十祢宜」は終身の任であり、病気を理由とする退職は極めて例外的なことであった。延享五年（一七四八）に外宮四祢宜常珍が、文化九年（一八一二）には内宮五祢宜経誼が、「乱心」「狂気」を理由に、神宮一同、また親類中で朝廷に対し解任を願い出た前例はある。だが通常の病気で本人が在任を望めば、どれほど「休職」しようが退任を求められることはなかった。

「内宮祢宜年表」には、氏倫が寛政六年（一七九四）二月に病気を理由に辞職したことを記した後、「但、座列着十座之末」と注記している。「十祢宜」は死ぬまで「十祢宜」なのであり、辞めた後の扱いに困った末の措置として、「十祢宜」に準じる格式としたものであろう。内宮長官の公務日誌には、この時に「氏倫御辞職につき自今の心得」を取りきめ、席順は十祢宜の次とするものの「諸事の格合当職同様たるへき事」とし、また「平常の義は其品に寄り位階の座次を以って会釈然るべき事」と定めている。事実、氏倫は二祢宜職を辞したものの、位階を返上してはいない。神宮中としては、本意ならず「十祢宜」辞任を認めることとなったが、神宮世界内での格式は従来通りとしているのである。

坂藤馬の神主人生

先にも触れたが、寛政年間の調査で約十年の間「皆不参」の上、理由を「子細申し出ず」として明示しない坂藤馬（東馬）という地下神主がいた。彼は安永二年（一七七三）一月に、病気で神事を務められないことを理由に「叙爵解任」を長官機構に出願するのだが、親類と相談の上で申請するようにとの指示を受ける。坂は同年閏三月十四日に再度、内宮長官機構に口上書を提出した。そのなかで彼は、病身のため神事や参宮は務められない、「参」と「不参」があればその時々に上申するが、「常不参」なのだから今回まとめて伝える、今後の月々の参否帳も、「常不参」なのだから容赦願いたい、と開き直ったような主張を記した。こうしたやりとりは、少なくとも数年間は続いたらしい。三年後の安永五年一月十二日、参否帳を急ぎ提出するように求めてきた内宮長官の使者に対して、坂藤馬は切り紙に次のように書いて渡した。

手前方無人に御座そうろうにつき、得人を進上申さずそうろう、人出来そうらわば進上申すべくそうろう、其上とかく手前は一生参宮仕らずそうろう、左様思し召し下さるべくそうろう、已上

神宮神主という立場を考えると唖然とする内容であるが、もう一生の間参宮はしないので、そう心得よ、というのである。だがこれほどまでに不勤が続き、しかも自ら解任を求め、傲岸不遜な態度を取る坂藤馬を、神宮長官機構は首を切ることができない。病気で神事を務められない者は「不参之書付」を出しているのだから（それで済むのだから）と説得するが、無視されてしまう。

長官機構でも坂藤馬を持て余しているが、彼を解任させたならば、病身を理由に神事不参が続く者たちにも影響が及んでしまう。翌年正月の参否帳の取りまとめ時に、内宮長官は祭主に宛てて事情を説明し、相談に及んだ。返答は七か月後の八月二十二日に寄せられ

るが、この件については祭主も及び腰であり、神宮側の意向を問うのみである。

その後の経緯を見れば、確たる処分が下されることなく、うやむやのままに済まされたようだ。というのも、それから三十年余が経った文化五年（一八〇八）に、坂藤馬問題が再燃しているのである。この時にも過去三か年の諸神事に一切出席しなかった神主について、理由を子細に記した文書十九通が祭主に提出されたが、坂藤馬に関しては神宮から別途伺いを立てたらしい。

一月十二日に祭主側の返答が寄せられる。「数年来不参勤」と指示に従わないことを「甚だもって不埒」とし、老年とはいえ不敬の至りとして、今一度取り調べた上で、外への影響にも鑑み解任するべし、という祭主の意向が伝えられた。坂藤馬の不参は「数年来」などというものではなく少なくとも三十年以上に及ぶのだが、ともかくようやく彼の解任手続きが取られることになる。

叙爵を得た神主が解任の出願をする場合には、それまでに受け取った口宣案《くぜんあん》や補任状等を全て返却する必要があった。それらを書き上げた目録によると、彼は職の面ではまず寛保元年（一七四一）に権祢宜に補任され、ほぼ同時に司奉行・宮奉行の職に就いている。位階については寛保二年（一七四二）に従五位下となり、同四年一月に従五位上、延享四年（一七四七）九月に正五位下、宝暦十三年（一七六三）十一月に従四位下、明和三年（一七六六）一月に従四位上、明和三年（一七六六）一月に正四位下と昇進した。仮に十五歳で職に就いたのだとしても、文化五年（一八〇八）段階では八十歳を超えていたことになる。安永年間には、参宮もできないほどの病状を訴えていたものの、その後もずいぶん長生きをしたようで、また「皆不参」が続いても宮奉行の職に留まっていた。この状態でも数十年放置されるほどに、神主の職は解きにくいものであった。病気を理由とする怠職も、それに起因するであろう。老齢の坂藤馬の解職は異例の事態であったが、彼は六十年を越える「神主人生」を、どのように振り返ったことであろうか。

勤怠管理の強化

さて、職務怠慢者の調査は、幕末期には精勤者の褒賞を伴うようになっていく。安政六年（一八五九）には前年の諸神事に皆勤であった岩井田左馬と薗田出雲に扇子二本、精勤の佐八三祢宜には褒詞が授けられた。元治元年（一八六四）にも精勤者への褒詞が出されるが、同時に前年中に一度も参勤がなかった権祢宜十一名の名前が書き上げられ、叱責が加えられている。驚くことにその十一名のうち一人は、「坂藤馬」とある。もちろん先に見た者がここまで生き続けたはずもなく、同名を名乗った息子か一族の者であろう。

この褒賞・譴責制度により、幕末期には神主の勤務成績が、劇的に向上する。幕末期に一年間不勤の神主は、元治元年に十一名、慶応元年（一八六五）には五名に減少し、その翌年には三名となっている。十八世紀頃には半年ごとで常に数十人の神主が、病気などを理由に「皆不参」としていたのだが、いかに実態と乖離した虚偽の申告であったかを窺わせる。

病気や服忌でやむを得ず神事に参加できないことはあるだろうが、それにしても江戸時代中には、不勤の神主が多すぎる。また、正当な理由ならば、祭主や山田奉行が取り立てて問題にすることもなかったはずである。長期間不勤でその理由が区々に変わっている者は、虚偽の疑いが濃い。では、神主でありながら神事に参加しない者たちは、いったい何をしていたのだろうか。

寛政期の調査でも、「旅行」「他行」を不参の理由にする者が少なからず居た。もちろん湯治療養もあったのだが、御師としてのなりわいに関わる要因が大きかったと思われる。元治元年（一八六四）に、一年間一度も参勤がなかった十一名の権祢宜について祭主から叱責がなされたが、そのうちの一人、中川玄蕃について神宮は「近年参勤等壱か度も仕らず、別して一両年以前は檀中へ罷り越し居り申しそうろう事」とし、解任の伺いをしている。七月二十八日に中川玄蕃から詫状が提出され、恐らくは事なきを得たのだが、「皆不参」の理由は檀家廻りであったのである。

江戸時代の地下神主にとって、神宮神主としての神事勤めよりも、御師として諸国の檀家廻りをすることの方が優先された。先に見たように元禄十五年（一七〇二）、山田奉行の家臣から神主の学問怠慢を咎められた七祢宜の守夏は、手元不如意で家業に取り紛れているためだと弁解したのだが、「十祢宜」ですら同様の事情であったのだろう。だがそれは、神宮自体の権威の維持・向上のためには、あってはならないことであった。十八世紀半ば以降の祭主や山田奉行の圧力は、遊興にうつつを抜かす素行不良の神主を統制するためだけではなかったのである。

文久三年（一八六三）以降、朝廷は神宮改革を推進し、勤務状況の悪い神主への統制も強化された。その延長として明治四年（一八七一）七月に、新政府は御師制度を廃止するに至る。近代天皇制国家の下で神道を民心統合の核とすることを目指した新政府にとって、この措置はある意味で当然のことであった。神宮を通さず諸国の住民と直接に師檀関係を結び、それを経済的基盤として、一方で神宮の神事を蔑ろにする御師の存続が許されるはずもない。しかもこの改革は、御師の実態を熟知する元権祢宜の浦田長民《うらたながたみ》によって、主導されたのである。

御師は以後、神宮の神主を名乗ることも御祓の配賦、神楽の奏上も停止された。御師と道者との結び付きに根差した江戸時代の参宮文化は、基本的にここで終焉を迎えたのである。

参宮街道沿いの人びと

参宮文化の成熟は、宇治・山田とその周辺部のいわゆる「神宮領」にとどまらず、伊勢に至る道、参宮街道沿いの地域社会にも大きな影響を及ぼした。伊勢から御師の関係者が、上方からは旅籠屋の手代たちが街道沿いへ出向き、旅人を待ち構えていた。街道沿いの賃稼ぎの発達は、巧妙でいささか悪辣な金儲けの手段を生む。そして、とりわけ若い女性たちにとっては、その生涯を大きく規定されることもあった。

本章では、街道を行き来した人たち、そして道沿いに位置した多気《たき》郡の神宮直轄領を主な舞台に、様々な人間模様を紹介していこう。

御師と上方旅籠屋の客引き

参宮街道と御師

まず、神宮御師《おんし》の動きから見ていきたい。御師たちは、全国から訪れる参宮客（道者）を伊勢の地で待つだけでなく、時に宮川を越えて参宮街道沿いに出迎える。なかには桑名《くわな》まで赴く御師手代《てだい》らも居た。東国からの参宮客は、宮《みや》（熱田）から桑名への七里の渡しではなく、佐屋《さや》や津島《つしま》からの三里の渡しを利用した。七里の渡しは東海道の正式なルートであるが、伊勢を目指す旅人たちは宮（熱田）を過ぎ名古屋の町を見物し、津島大社を参拝してから、三里の渡しを用いて東海道四十二番目の宿、桑名に至る。参宮街道が始まるのは次の四日市《よっかいち》宿を過ぎ、日永《ひなが》の追分で東海道と分かれてからであるが、参宮客にとっては、伊勢が間近いことを感じる起点は桑名であった。尾張国から伊勢国に入ることもあるが、桑名の渡し場に「神宮一鳥居」が建ち、そして御師らの接待がここから始まることにも因る。

桑名は最盛期に百二十軒もの旅籠屋があったが、代表的な旅籠屋の一つが堺屋三右衛門で、旅人の日記にもしばしば登場する。神宮御師たちの御用達宿であり、例えば外宮の久保倉大夫の手代は、ここを拠点に道者たちの宿の振り分けをしていた。

嘉永五年（一八五二）に現在の埼玉県から訪れた旅人は、閏二月三日に桑名に着くが、その三、四日前から久保倉大夫内・幡谷順平手代の辻村伝三郎という者が堺屋で待って居り、宿の手配をしていた。旅人は大和屋安兵衛の宿へ泊まるが、その夜に挨拶に来た辻村から、酒肴の振る舞いを受ける。翌日以降の参宮街道道中は、昼飯も宿も辻村が「先触」を出し、手代衆三人ほどが代わる代わる案内と見舞いに訪れ、旅人も満足の体であった（『小川町史　上巻』）。御師が出す駕籠《かご》や馬に乗り、ほとんど歩かずに伊勢へ向かった旅人も居る。なお、旅籠屋などで神楽の規模を相談し、御師に支払う金額を決めることもあったようだ。その額に応じて伊勢へ向かう手段も変わっていた。

堺屋は久保倉大夫以外にも龍大夫ら他の御師の御用達も兼ねていた。桑名では、東海道を辿る武士や商人向けとは別に、御師と結び付いた参宮客向けの宿が発達していたものと思われる。そして参宮街道沿いには、同じように御師と出入り関係を結んだ旅籠屋や茶屋が、宿場町を中心に建ち並んでいた。『伊勢参宮名所図会』の明星茶屋の場面でも、軒先

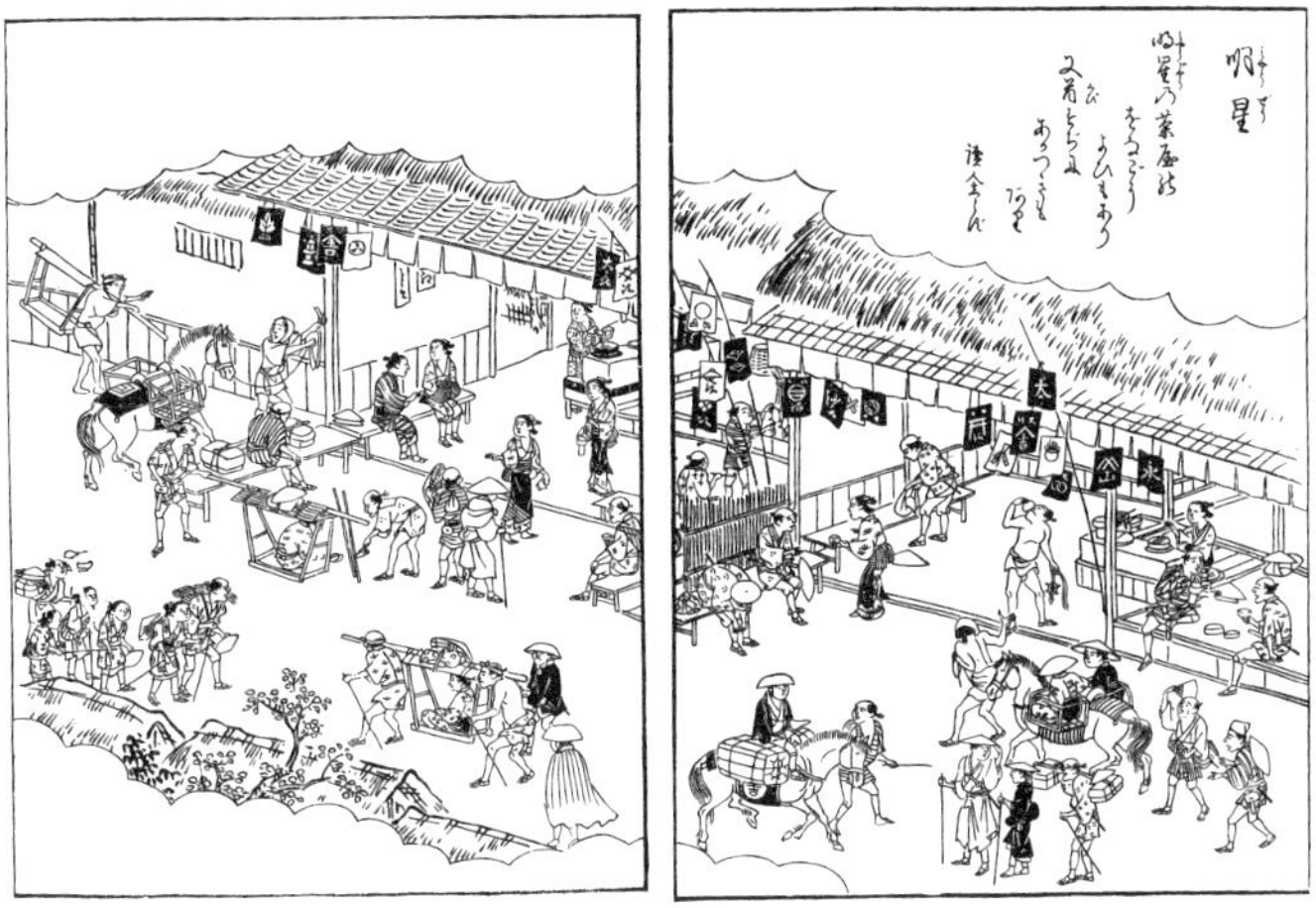

図６　『伊勢参宮名所図会』より「明星」

に参宮講の目印をずらりと下げた茶屋の様子が描かれている。参宮街道を歩む旅人たちは、御師たちの働きにより神宮が近いことを感じ、心躍らせて伊勢に向かったことだろう。

中河原での出迎え

参宮街道を南下し、小《お》俣《ばた》を過ぎていよいよ宮川を渡る。当時、宮川に橋は架かっておらず、十数艘の渡し舟が夜昼となく参宮客を乗せて往き来していた。この渡し舟は無料であり、旅人は「大神宮の馳走舟」と呼んで有り難がった。実際には宇治・山田の住民組織が、「貫銭《つなぎせん》」として費用を負担していたものである。上の渡しと下の渡しがあり、参宮街道で訪れる旅人は通常下の渡し（桜の渡し）を用いた。舟は十数人から二十人程度は乗ることができる大きさで、駕籠のまま乗船すること

図7　『伊勢参宮名所図会』より「宮川東岸」

もできた。

宮川は神宮領を区切る聖なる川であり、ここで水浴びをして身を清める参宮人もいた。だが、多くの参宮客が訪れる春の川水はまだ冷たい。そのため、近所の子供が身代わりを務める「代垢離《だいごり》」を旅人に勧め、金銭を得てもいた（群馬県立文書館「市沢勲家文書」）。

下の渡しで宮川を渡ると、中河原に上陸する。『伊勢参宮名所図会』に活き活きと描かれるのだが、河原では小屋掛けの店で田楽《でんがく》が売られ、駕籠舁《か》きたちが大勢たむろしている。瞽女《ごぜ》や筵《むしろ》の上で芸を演じながら銭を乞う非人たちも目に付く。中河原の町中に入ると、茶屋が建ち並び、講の名前や御師名を書いた幟《のぼり》が林立し、そして正装姿の御師手代たちが道者を出迎えていた。多くの旅人は、ここで自分の御師の手代と対面する。時にその仲介をしたのが、御師の御用達である茶屋であった。

参宮客が御師を選ぶ訳ではなく、出身地によって御師は決まっている。だが、自分の御師をきちんと把握していない者に案内をするサービスがあった。嘉永三年（一八五〇）に参宮に訪れた上野国の医師・栗原順庵によれば、中河原で神宮領の住民が待ち構えていて、旅人に付きまとい国どころを聞くという。御師の所へ案内するのが仕事のようだが、旅人から酒代を貰いたがる様子である。栗原は、案内は不要と断ることを勧めるが、「なれども必ず付け来るなり、構うこと無きなり」と、執拗に付いて来るとも書いている（金井好道『伊勢金比羅参宮日記』）。ともあれ、自分の御師宅が分からず戸惑う心配がないように、対応がなされていた訳である。

上方の旅籠屋の客引きと出店

参宮客を街道沿いで待ち受けるのは、御師たちだけではなかった。伊勢参宮後に大半の旅人たちは大和や熊野経由で大坂、京都に向かうが、その上方の旅籠屋の手代らが、先行予約を狙って客引きをしていたのである。彼らは参宮街道沿いの要所はおろか、桑名やその手前の尾張国にまで出没していた。

栗原順庵の道中日記を見ると、桑名へ船で渡る佐屋の地でも、京都の旅籠屋手代四、五

津島
名古屋
佐屋
宮（熱田）
三里の渡し
桑名
七里の渡し
木曽三川
四日市
日永追分
東海道
白子
参宮街道
津
雲出川
月本
六軒
祓川
松坂
神領五か村
宮川
伊勢
（宇治・山田）

図８　参宮街道周辺略図

人が強引に客引きを行っていた。彼らは旅人に「手札《てふだ》」（引札《ひきふだ》。宣伝チラシ）を渡し、酒を勧め、宿の予約を迫るが、栗原は、参宮後はそのまま帰国するとか、兄弟が京都に住むといった断る口実をわざわざ記している。彼によれば、旅籠屋《はたごや》の手代たちがここまで出張する熱意は理由のあることで、「此家共に着しそうらへば買物すすめ、みな棒先をきり、其上妓楼すすめ、弐朱拾匣の女郎を百匹位に申しなし、種々貪り方あるなり」とする。「棒先をきる」とは、買物の売上げ代金のうわまえを刎ねることを言う。つまり、土産物を不当に高く売りつけて儲けるのである。また、五百文ほどの遊女を二千五百文ぐらいにして貪ることもある、と記す。こうした悪徳な旅籠屋は、博打を勧めて旅人のお金を巻き上げることもあったらしい。

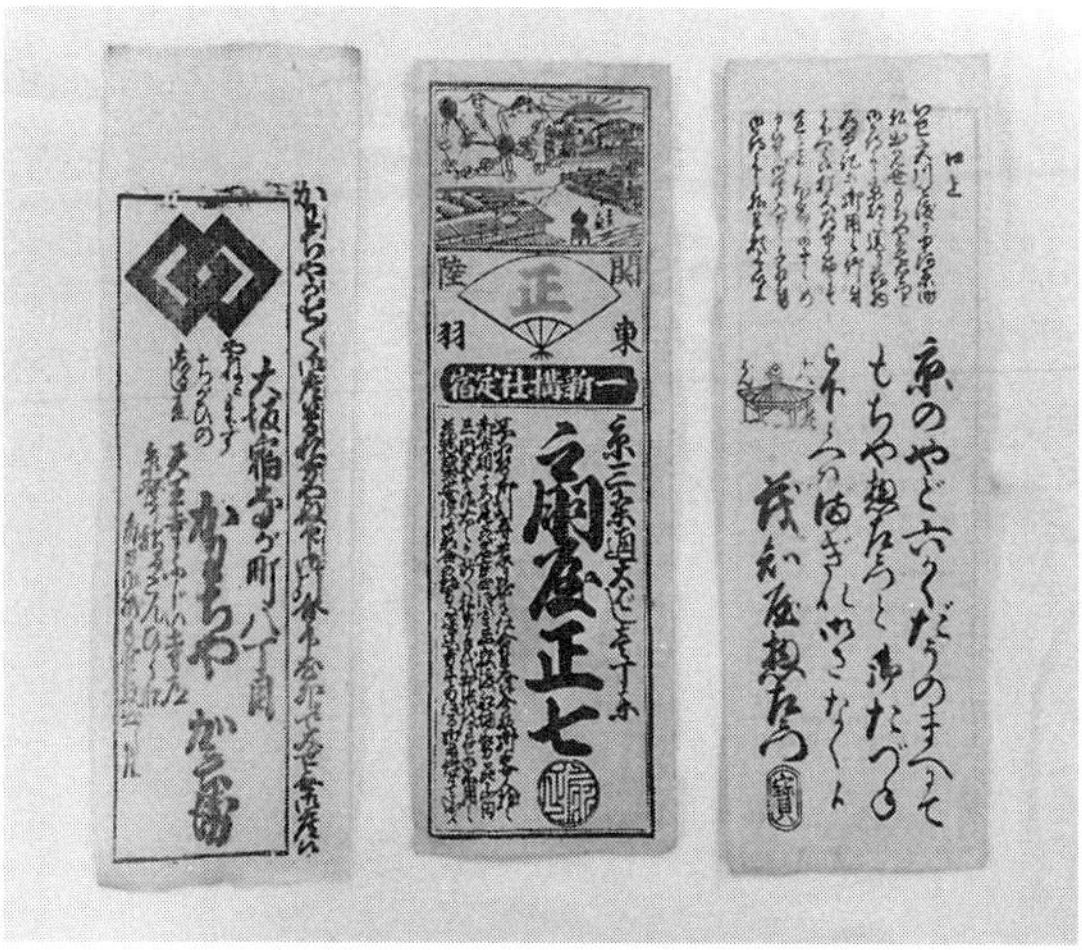
図９　上方旅籠屋の引札

もっとも、栗原が指摘するような要因だけではない。旅人は上方、とりわけ京都では、時に十数日からそれ以上の長期にわたり宿泊して名所巡りをする。宿泊客一人を確保すれば、土産物や遊女、博打を伴わなくても多額の金銭を得られるのである。特に商人ら仕事の旅人と違い、参宮の旅人は金払いの良い上客であった。

京都三条大橋東詰に店を構える扇屋正七（庄七）は、手代を参宮街道のほか、伊勢に到る前の甚目寺《じもくじ》、津島にまで派遣している。佐屋には京都六角堂門前の筑前屋次郎左衛門の手代も出向いていた。一方、日永の追分や月本、六軒など街道の分岐には、河内屋（瓢箪屋）一統や大和屋弥三郎ら、大坂の旅籠屋の手代が多く姿を見せている。出迎える場所には、一種の縄張りがあったようだ。

『佐屋町史 史料編一』によれば、享和二年（一八〇二）に京都の旅籠屋たち同士で参宮客の客引きに関して争論が発生した。京都の旅籠屋は三条大橋詰と六角堂前の二つに集中しているが、まず六角堂前の旅籠屋たちが伊勢山田の御師に取り入って客引きを行い、これを見た三条大橋詰の者たちも参入を願ったが、叶わなかったために六軒（松阪市）の地で行う。すると六角堂前の者たちは手前の神戸《かんべ》（鈴鹿市）で客引きをするため、さらに佐屋まで出て客引きをしたいと願い出た。当然、六角堂前の旅籠屋たちも佐屋での営業を出願したため、紛争になったと言う。これは京都の旅籠屋同士の問題だが、京都と大坂間での対立もあっただろう。当初は山田の御師に取り入ったという点にも、注意しておきたい。

旅籠屋手代が個々に道者を待ち受けるだけでなく、常設の「出店」までが置かれている。それが集中するのが、宮川を渡ってすぐの中河原であった。ここには京都の扇屋正七、筑前屋次郎左衛門、縫物屋嘉兵衛、餅屋惣左衛門、大坂の平野屋佐吉（関東講）の出店があり、扇屋正七は他に名古屋と佐屋にも店を構えていた。このほか六軒と宮川の「上の渡し」である川端柳には、京都の備前屋藤五郎の「出張所」があった。

出迎える手代や出店は、単に旅人に引札を配り、声を掛けるだけでなく、便利なサービスを勧めてもいた。まず、京都や大坂への荷物配送を請け負っていた。無料ではないが、旅人は土産物など大量の荷物を預けることで、身軽に初瀬《はせ》街道や熊野街道などの山道を越えていくことができた。旅籠屋にとっては、荷物を預かり上方で待ち受けることで、予約を確実に押さえられる意味がある。

もうひとつ、旅籠屋たちが作成・印刷した道中案内記を無料で進呈していた。数丁程度や一枚刷りなどの簡便なものだが、地名と距離が記されるだけでも、旅人にとっては重宝であった。この道中案内記にも巧妙な工夫がなされている。旅の全行程を網羅せず、一部のみ作成し、まずは自分たちの宿に誘導するのである。例えば、伊勢の中河原に出店を持つ旅籠屋は、参宮街道沿いから中河原までの行程のみを印刷した道中案内記を手渡し、伊勢より先の道中案内記は出店で渡すこととした。また大坂河内屋が作成した道中案内記は、

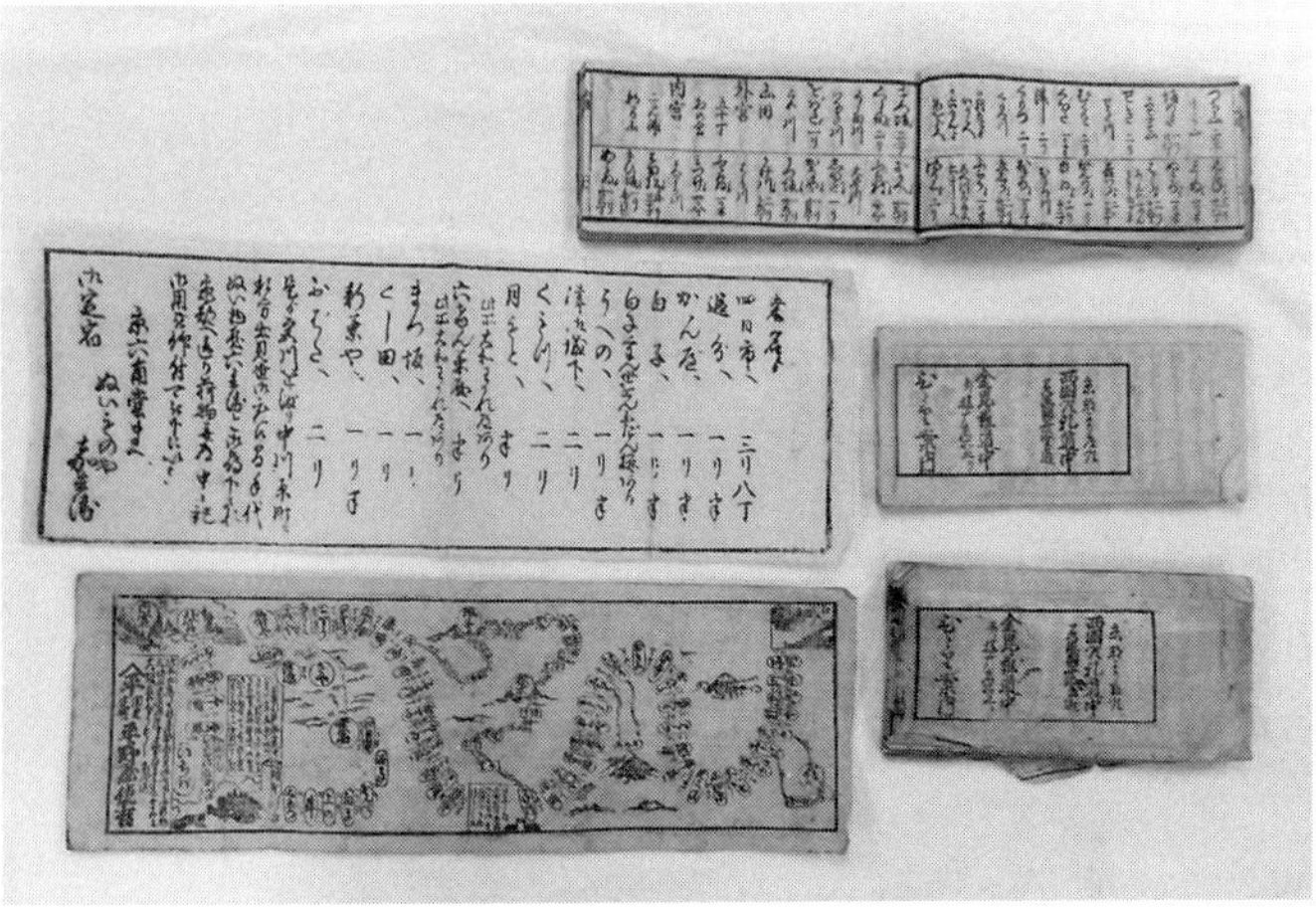

図10　旅籠屋作成の道中案内記

西国巡礼に赴く旅人のために伊勢から西国三十三番札所の第四番までの略地図を示すが、第五番の藤井寺から三十三番までの分は宿で進呈する、と注記しているのである。

上方への荷物運送

伊勢で増える新たな荷物は、何より御師から受け取る土産物である。そうであれば、御師宅から送り出して貰えれば、旅人にとっては一番ありがたい筈だ。京都・大坂の旅籠屋手代たちは御師宅に出入して関係を取り結んでおり、例えば三日市大夫次郎のところへは京都・三条大橋東詰の旅籠屋、扇屋正七の手代が、龍大夫には京都・六角堂前にある餅屋惣左衛門の手代の出入りが確認できる。上方への荷物配送は、旅籠屋以外に飛脚《ひきゃく》も担ったが、これも御師を通して引き受けていた。

御師と旅籠屋との連携

伊勢神宮の御師は、実質的には旅籠屋としての側面を持っていた。この点で京都・大坂の旅籠屋たちとは同業者なのであり、それゆえのつながりも、確実に存在した。旅人荷物の運送を通じた連携はもちろん、旅籠屋たちで結ばれた仲間組織にも、御師たちが加わっている。

明治四年（一八七一）七月に、明治維新政府の神道国教化政策に基づき、太政官通達によって御師制度が廃止された。御師はもはや神宮の神主を名乗ることは許されず、御祓大麻や暦を配賦することも禁じられた。当然に、御師宅でなされていた神楽も終わりを遂げる。翌年七月に内宮に祈祷所が設置され、また御祓大麻も神宮で作成されるようになる。明治十一年には神宮暦を神宮が頒布することになった。御師とその関係者によって成り立っていた宇治・山田の町は、火が消えたようになった、とも伝えられる。

だが、御師と神宮との関係が政策的に断ち切られたとは言え、諸国の檀家との結び付きは容易に絶えるものではなかった。江戸時代に御師を務めた家で、大正末期頃まで檀家との関係を維持していた事例も認められる。何より「旅籠屋」としての機能を否定された訳ではなく、参宮客は明治維新以降も引き続き、元の御師宅に宿を取った。

それは、旅人の便宜のためとして旅籠屋仲間の手により作成された、街道沿いの旅籠屋名を列挙する「講帳《こうちょう》」にも表れている。江戸時代以来の講の名称を引き継いだ明治期の

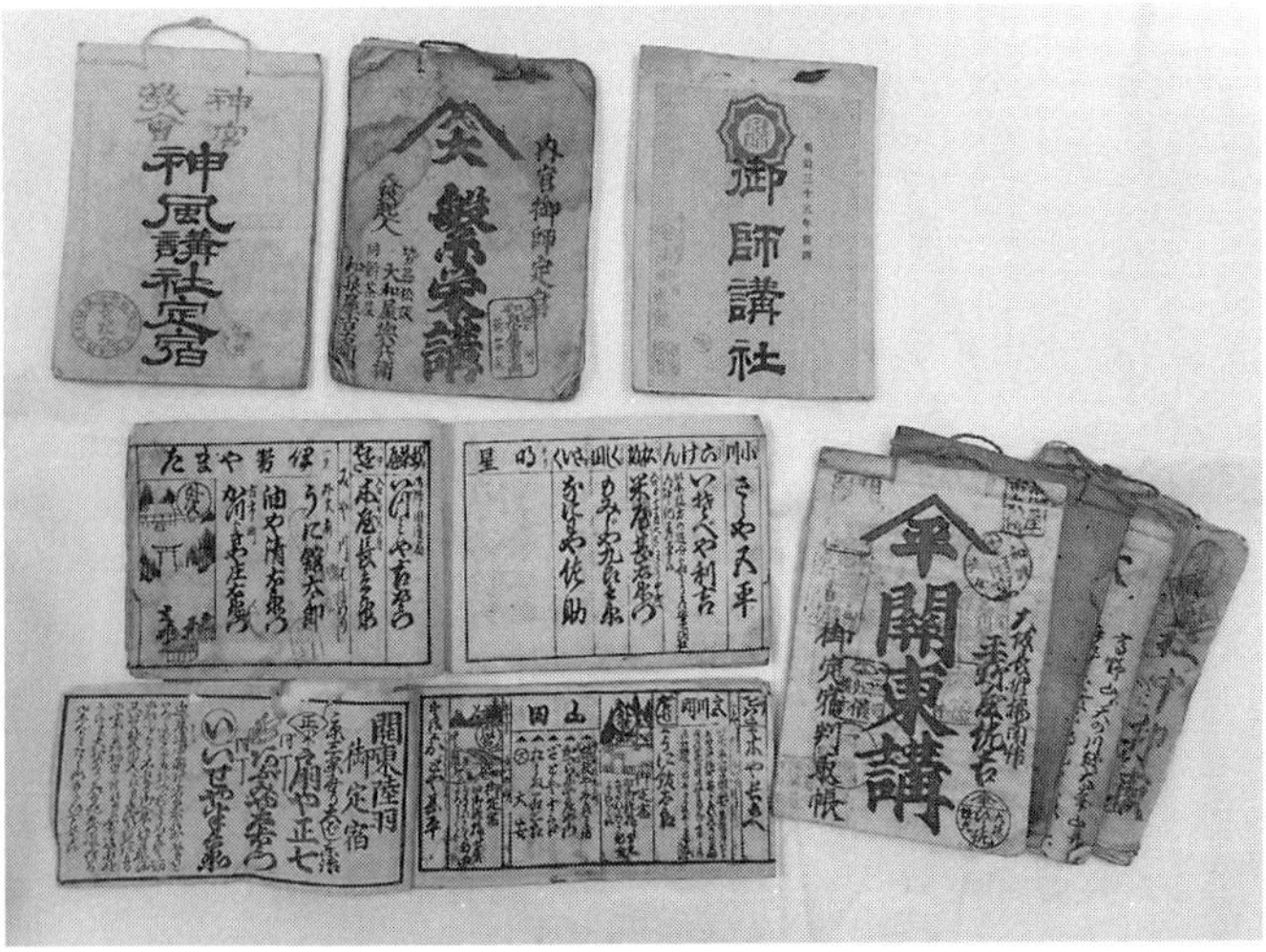

図11　講　帳

講帳には、京都の餅屋惣左衛門や備前屋藤五郎などの旅籠屋と共に、三日市大夫次郎や龍大夫、久保倉大夫などの「御師」名が記され、伊勢では「旧御師様」の宿を勧める記述も見られるのである。江戸時代の御師たちが、上方や参宮街道沿いの旅籠屋と築いてきた関係は、御師制度の廃止以降、むしろ強まったのかもしれない。

街道の諸稼ぎ

馬士の稼ぎ

街道沿いには、旅人相手の商売が様々に展開した。宿泊や休憩をする旅籠屋、茶屋をはじめ、遊興の場も各地にあった。草鞋作りは道沿い村々の最も一般的な内職仕事であったし、擬革紙《ぎかくし》の財布など、旅人の需要に応じた伊勢特有の土産物の製造・販売も盛んであった。

そのなかでも人や荷物を運送する仕事は地域経済を潤したが、一時の来訪者相手の商売ゆえに悪辣な稼ぎが横行し、旅人を悩ませることも少なくなかった。

天保十三年（一八四二）三月十四日の暮れ、上野村の明星で茶屋を営む佐吉は、遠州浜松から来た十五歳前後の若者三人が店先に腰を下ろし困っている様子を見る。事情を尋ねると、以下のように訴えた。まず川二つ向こうよりここまで、一人四十文の約束で馬に乗った。馬の背とその左右に二つ、計三つの乗鞍を付けた「三宝荒神《さんぼうこうじん》」と呼ばれる馬を利用したものであろう。ところが着いた地で馬士《ばし》は、一人前二百四十文と六倍もの賃金を請求してくる。話が違うと抗議するものの聞き入れては貰えず、やむを得ず三人で六百文を渡した、と。話を聞いて憤った佐吉は若者三人を泊めてやり、問題の馬士は誰かを探索する。同じ村の文吉のしわざだと判明するが、稼ぎに出ていて家に居らず、若い参宮客三人は翌朝伊勢に向け出立し、そして帰路にも立ち寄ることはなかった。やむを得ず佐吉は庄屋にこの旨を訴え、庄屋からの届を受けた神宮長官機構で取り調べがなされることとなった。

だが文吉は、馬に乗せた場所は松坂の「桜井の門先」であり、櫛田川《くしだがわ》まで一人百文の約束で運んだところ、さらに明星まで送ってくれというので一人四十文を加算し、「酒手《さかて》」（チップ）を二十四文貰い受けたのだと主張した。百数十文は余分に取っているものの、これならさして酷い貪りとも言えない。ただ、参宮客自身は訴えておらず、証人も居ないため、乗せた場所や約束の経緯については調べようがない。そのような状況でも数字の合わない返答をしたあたりに疑いが残ったのか、文吉は手錠にて謹慎が命じられた。

この事例では佐吉が若い参宮客に同情し、わざわざ馬士を調べ庄屋へ届けたために、文吉は処分されることになった。だがこうした所業は珍しいことではなさそうで、この前月にも直轄領五か村以南の街道沿い村々は、賃馬稼ぎの不正を咎める山田奉行の触れ達しを受けている。その文面によると、例えば三人乗りの馬を百文の約束で勧め、おろす段になって一人百文を請求し、約束と違うと抗っても声高に言い募り、同業者たちが大勢集まり客を脅したて、「是非を言わせず、押し取り同様」に代金をふんだくる。参宮客たちも、こんなことで時間を過ごしていては難儀でしかなく、言いなりになってしまう、としている。浜松の若者たちを騙した文吉の事例は、まさにこの通りだったのだろう。

山田奉行は、街道沿いの村役人らもこうした所業をかねて承知していながら、長年の「所の風儀」のように心得て改めようとはしないのだと叱責した。あるいは、佐吉の告発はその結果だったのかもしれない。なお、悪行が甚だしい場合は馬士の営業停止が命じられるが、それも三十日程度のことで済ませているため増長が止まない、とも指摘されている。

上野村を含む神宮直轄領には、安永六年（一七七七）以降、再三にわたって神宮長官機構から馬士の「無体・理不尽」を厳禁する触が出されている。馬一疋で一里あたり五十文という基準が示されてはいるものの、無理やり、また言葉巧みに騙して馬や駕籠に乗せ、法外の金銭を巻き上げることは、江戸時代を通して横行していた。

神宮直轄領五か村の一つ、斎宮《さいくう》村では、文化十年（一八一三）に馬士が二十一人、駕籠舁きが二十八人も居た。参宮客の宿も八軒あり、旅人相手の商売の比重が高いことは明らかだ。そのため本来の農耕作が疎かになり、荒れ地が増加することとなった。寛政三年（一七九一）に神宮長官機構は、神領五か村に対して十五歳から六十歳までの男女全員に田畑を割り付け直し、耕作させる政策を実施した。斎宮村の場合、男は一人あたり田三反、女は一反二畝、このほかに畑も割り当てられた。

全国的な趨勢としては、江戸時代が下るにつれ豊かな農民の土地集積が進み、他方で貧しき農民は没落して土地を失い、さらに困窮していく。ゆえに、無高の者たちを含む全住民平等に土地を再配分するというのは、貧しい農民に利があるはずだ。しかし、街道筋での稼ぎで生計を営み、得られた金銭で米を購入し年貢を納める者たちに土地の配分は歓迎されず、押し付け合いが生じたらしい。村々の混乱が伝わったのか、わずか二年後に山田奉行の介入により、この政策は撤回される。その後、村役人に対して強引に田畑を割り当てなかったかが問われ、困窮者や「作馴れ申さざる者」には減少させた、などという返答が残っている。農村で耕作に馴れない者が居るというのも普通は考えられないことだが、この地では農地の配分は負担でしかなかったのである。

桑名への舟渡し

少し北方へ遡るが、尾張国から伊勢国に入る桑名への渡しでは、海上の運搬で、やはりいささか狡猾な手段で金銭をむしり取る行為が頻発していた。宮（熱田）から桑名への七里の渡しは東海道唯一の海上交通だが、参宮客の大半は名古屋城や津島神社を見物した後、津島あるいは佐屋の地から木曽三川を渡り桑名へ至る三里の渡しを利用した。このルートも尾張藩及び桑名藩が船賃などを管轄していたものの、東海道ほど統制が厳しくなかったのか、船頭たちによる様々な手練手管が見られる。

船番所では渡船に対し、「酒手」や船中で祀る「舟玉」への賽銭の要求は厳しく禁じられていたが、船上では当たり前のように船頭がせびってくる。川と潮の流れが複雑な地理条件を利用するワザもあった。佐屋からしばらく乗り出したところで「差し潮」ではないとして船を止め、一里ほど大回りすれば進めると言い、その分の割り増し料金を請求するのだ。大掛かりなものでは、十六人乗りの船に二十人くらい乗せ、水が打ち掛かってくるようにわざと船を揺すり、乗客が多いので大舟が来たら乗り換えた方が良いなどと言い出す。その頃を見計らって、予め用意しておいた大船が廻ってくる。客たちは挙って大船に移るが、そこでは、大船ゆえに人夫も多いので、その分の賃銭を出してくれと求められる。前出の、嘉永三年（一八五〇）に上野国（群馬県）から訪れた栗原順庵は、こうした事例を紹介しつつ、「上手にゆすり取るなり」と、恐らくは苦笑い交りで道中日記に記している。陸とは異なり船の上では、旅人たちは抗うことなく、船頭の言うがままであっただろう。まして船が大きく揺れ、水が降り掛かってくる恐怖のなかでは、いささか理不尽とは思いつつも船頭の要求に逆らうことなど、とてもできなかった。そして、先を急ぐ旅人た

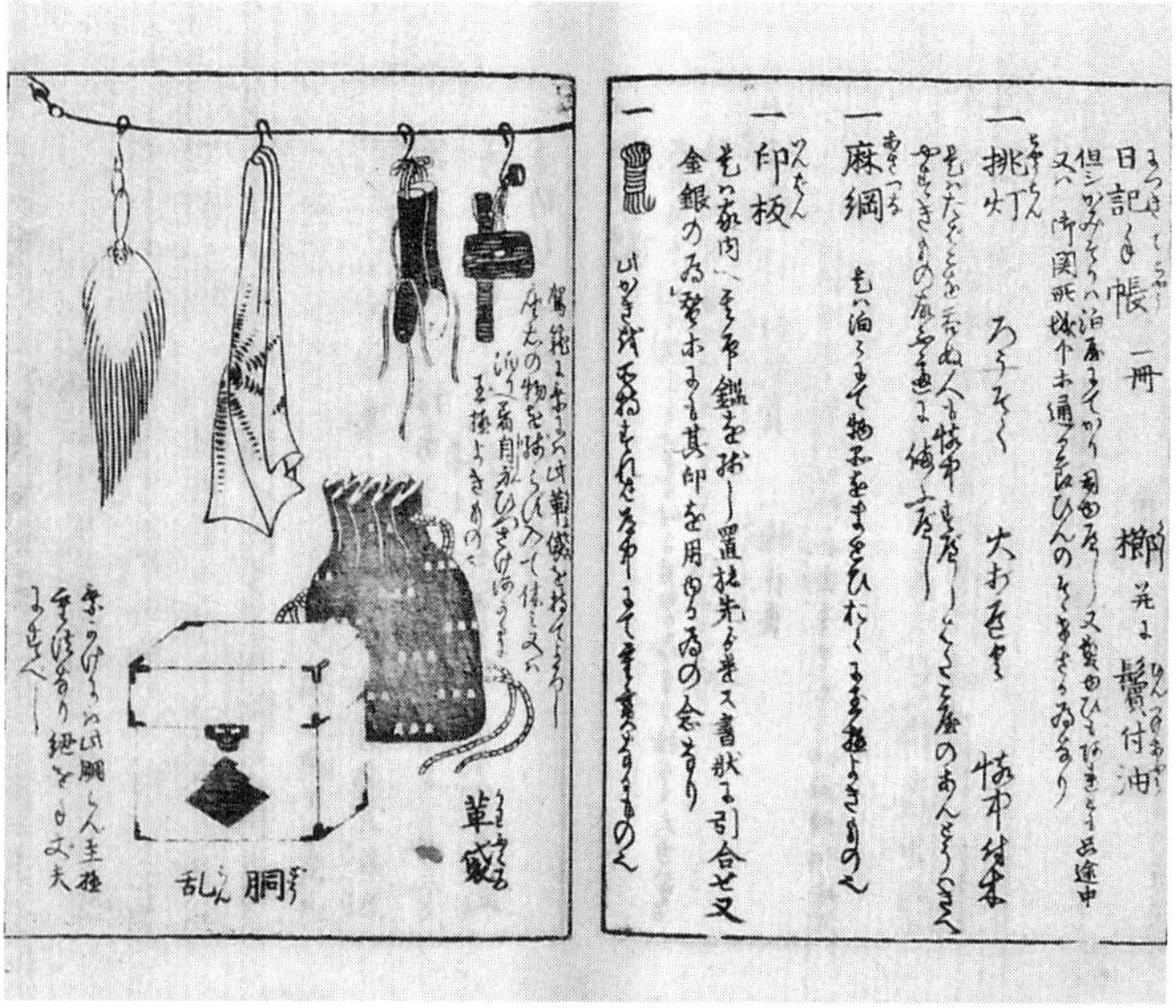

図12　『旅行用心集』三重県総合博物館所蔵

ちは、上陸した後に船番所へ訴えることも、まずなかった。

船頭たちは、旅籠屋とも「同腹」であった。夕方の七つ時頃までは船を出すのが決まりだったが、昼の九つ時には早や出船を止め、一宿を勧める。宮（熱田）や桑名、また佐屋などの港が賑わった背景でもある。

川渡し

桑名への船渡しほど大がかりではないが、参宮への道のりでは他にも船に頼らねばならない所が少なからずあった。

文化七年（一八一〇）に刊行された『旅行用心集』という書物が

ある。庶民の旅文化の発展に伴い作られたもので、旅の必携品や宿の選び方、注意事項などが詳細に記される。全部で六十一か条にわたるのだが、そのうち六か条、約一割が川渡しに関する内容なのだ。できるだけ陸路を用いて船を避けるべきこと、落とし物や、女子、馬の乗船に気をつけること、そして増水した川を歩いて渡る場合の注意が喚起されている。

当時、川に橋が架かっているとは限らなかった。軍事的な戦略で敢えて架橋しなかった地もあるが、むしろ橋がない方が一般的であったと言っても良い。参宮街道においては、津や松坂などの城下町近辺では領主によって橋脚を持つ安定した土橋が架けられたものの、それ以外に常時利用できる橋はほぼ存在しない。水量の少ない時期には中州や岩場の間に板を渡した程度の仮橋が川沿いの住民らによって架けられたが、それを渡るにも無料ではなく橋銭が徴収される。こうした橋もない場合、足を濡らしながら浅瀬を渡るか、人足を雇って駕籠や背に負われるかして川を越すが、水が増せば舟を利用するしかなかった。陸路ではどんなに険しい山道でも、一歩一歩足を進めればいつかは越えられる。だが増水した川は、旅人の力のみではいかんともしがたい。川越こそが当時の旅で最も困難なものだったのであり、それが『旅行用心集』にも反映していたのである。

『伊勢参宮名所図会』には、参宮街道沿いの各所で、村々で架けられた簡便な橋が挿絵に描かれている。津を出て松坂に向かう途中の雲出川《くもずがわ》には、一人がぎりぎり歩けるくらい

図13　『伊勢参宮名所図会』より「雲出川」

の幅の板が渡され、その手前には橋銭を徴収する番小屋があり、番人が内職をしながら見張っている。この橋も増水時には船渡しとなった。松坂を過ぎた櫛田川では、冬と春は仮橋が架かるが、増水する夏と秋は船渡しとなっている。

船賃の規定を、櫛田川に続く祓川《はらいがわ》（稲置川）の渡しの事例で見てみよう。元禄十五年（一七〇二）の規定では、水量によって船賃に差が設けられ、「常水」は一人一文だが「中水」は三文、「大水」は六文となっている。馬や駕籠に乗った者は、それぞれその三倍の値段であった。面白いのは、「常々渡し銭取り来たらざるものには、自今も取るまじきこと」との注意書きである。旅の者ではなく常に渡る者、つまり地域住民は無料なのである。地元民と旅人とで料金設定を変える、いわば「観光客値段」は他の川渡しでもよく見られることだが、これは旅の者からぼったくると考えるべきではない。あくまで住民の便宜のために地域で運営している設備なのであり、外来者にはそれ相応の負担を求めたということなのだ。旅人が支払う船賃で、地域住民の日常的交通手段を確保したという面

図14　『伊勢参宮名所図会』より「稲置川」

もあるだろうが。

だが多数の参宮客のほぼ全員が船を利用するとなると、その収益は大きく、地域経済に小さくない影響を及ぼす。川を越えるには浅瀬を渡る、橋を利用する、渡し船に乗るという三種の方法があったが、歩いて渡る旅人は一銭も落とさず、一方、最も収益があがるのは船賃であった。そのため、川岸の村々の「戦略」が生まれることになる。

文政六年（一八二三）十一月、竹川《たけがわ》村の正次という男が、祓川に無銭の橋を架けたいとして庄屋を介して神宮代官に出願した。物乞いをしながら伊勢参宮に訪れる遠国の貧しい旅人が、わずかな額とは言え渡船賃を払えず難渋している様子を見かねてのことだという。

参宮街道が祓川を渡る両岸は神宮領竹川村

領で、川岸の破損に際しても竹川村で普請をしてきた。だが参宮客が往来する橋の架け外しも船渡しも、一町（約一〇〇メートル）余り東に隣接する紀州藩領金剛坂《こんごうさか》村が管轄してきたという。その事情は不明であるが、正次は金剛坂村の策略を次々に告発する。まず四十年ほど前に金剛坂村は、川中に大木を横たえ、蛇籠《じゃかご》を積み重ねて水かさを増し、徒歩での渡川ができないようにした。竹川村が抗議し、神宮にも報告して取り払ったところ、今度は一町ばかり川上の鳥羽藩領の村域に蛇籠や土木などを沈めて水を堰き止め、やはり船でしか通れないようにしたという。

橋銭を徴収するよりも、渡し船の方が確実に儲かった。だが参宮客の少ない季節には、増水しても橋杭に盤木を添えて高くして、橋で往来させる。参宮客が多くなると船を利用させるため、折々は夜分に大勢で浚渫《しゅんせつ》して川底を深くし、徒歩での川渡りができないようにする。馬に乗ってそのまま川を越える旅人からも、「橋銭」を取り立てる始末である。高札には「常水」「中水」「大水」の三段階に分けて船賃が規定されるが、少しでも水が増せばすぐに「大水六文」となり、「中水三文」が適用されることはない。

多くの旅人たちは、多少不満を持ちつつも、賃銭を払って渡っていっただろう。しかし、一銭の用意もない抜け参りの者たちは、この川を前に立ち往生する。無銭で渡してくれと歎願しても、船番人たち大勢が取り囲み、一文もまけられぬと凄まじい形相で声を荒げ、袖を引いて叱りつける。そのため往来する参宮客に嘆き訴え、哀れと思い恵んでもらった銭でようやく川を越えていった。こうした事例を見聞きするたびに耐え難く、勧化や心ある富貴の者の出資により「常橋」を架けたいというのが、正次の宿願であった。

だがこの計画は翌年却下され、願書は神宮代官から差し戻された。技術や費用の問題もあったかもしれないが、渡船による利益を失う金剛坂村は間違いなく反対し、抵抗したことだろう。祓川の船渡しの株（営業権）は二十株だというから、少なくとも二十艘の船が就航していたはずだ。船株は売買され持ち主が移動することもあるが、毎年紀州藩田丸《たまる》役所に納められる運上米《うんじょうまい》は十二石に上った。一方、船を新造すると十五両が下付されたという。この船渡しは紀州藩の後ろ盾を得た村の重要な産業であり、収益源だったのである。

加えて、地域住民にとっての「生活の道」は、金剛坂村の働きにより維持されていた。正次の提案は貧しき者に優しく、美しくも見えるが、領主による架橋ではない以上、建設後にどのように存続させるかという課題に答えてはいない。こうした点も、神宮の判断に影響を与えたのかもしれない。

参宮街道恋物語

街道と女性

伊勢の古市《ふるいち》など歓楽街や、参宮街道沿いの宿場、茶屋には、旅人相手の遊女が多く居た。伊勢、志摩、熊野の農村から、遊女となるべく若い女性が売られていったことを示す史料も少なくない。こうした稼業があること自体、伊勢参宮文化は近隣地域の社会、とりわけ女性の生涯に、小さくない影響を及ぼしていた。そして彼女らを目当てに通う男たちとの間に、折々は色恋沙汰、事件騒動も生じてしまう。

これまでにも主に用いてきた『神宮編年記』は、神宮長官機構で作成し、また受け取ったありとあらゆる文書類を書き留めたものだが、そのなかには宇治・山田のほか、神宮直轄領である多気郡五か村の者が関わった恋物語や騒動の記録も含まれる。主にこれらを読み解きつつ、参宮文化の地ゆえに生まれた様々な人間関係をみていきたい。

図15　「油屋おこん」三重県総合博物館所蔵

古市油屋騒動

寛政八年（一七九六）五月、古市の代表的な遊郭のひとつ油屋で発生した殺人事件は、これを題材にした歌舞伎「伊勢《いせ》音頭《おんど》恋寝刃《こいのねたば》」が事件からわずか二か月後に大坂で演じられ好評を博したこともあり、全国に知られるようになった。

事件を起こしたのは宇治浦田町の医者、孫福斎《いつき》で当時二十七歳、事件直後の手配書によれば、髪は惣髪、色は白く柔和な顔立ちだった。五月四日の夜、油屋へ遊びに来ていたところ、馴染みの遊女・お紺をめぐり狂乱状態となる。他の客相手に席を外したお紺が戻らないため嫉妬の念を燃やしたとも、妓廊の対応に不満を持ったともいう。斎は刀を振り回して油屋の主人清右衛門の母親と遊女一人を殺害し、負傷者数人を出して逃亡した。翌日に届を受けた山田奉行所の指示を受け、牛谷の者たちにより警戒網が敷かれる。その翌六日、孫福斎は内宮「十祢宜」の一人、藤波五祢宜（序列が五番目の祢宜）宅に忍び込み、自殺を図っていたところを発見された。腹と喉を自ら切っていたが死んではおらず、厳重な警護の下で治療を受けたものの、事件から十日経った五月十四日に息絶えた。

山田奉行所から検死役人が派遣されるが、神宮の中核を占める神主の邸内で発生した事件だけに、慎重な対応を要した。犯罪者の死体は被差別身分集団の牛谷に引き渡す規定だが、そうなると家屋の中に「穢れ」が及んでしまう。折しも朝廷から天下泰平・玉体安穏等を願う十七日間の祈祷を行っている最中でもあった。結局、役人が死体を確認した後に屋外へ出し、そこで牛谷の者が受け取り、「取り捨て」処分となっている。

五祢宜家の者たちは、禁忌を避けた主人を除き全員が山田奉行所に呼び出され、取り調べを受けた。名代や家来は管理責任と不注意を咎められ叱責を受けるが、下女らは放免となった。なお、騒動の現場となった古市の油屋清右衛門は、召使い、下男と共に手鎖、同じ組内の者は一軒につき過料三貫文ずつを課せられた。

孫福斎の恋の相手・お紺は、その後も生き延び、四十九歳で生涯を終えたとされる。評判を聞き、お紺を一目見ようという参宮客で油屋は賑わったという。

近松徳三が著した「伊勢音頭恋寝刀」は、安政四年（一八五七）四月から中之地蔵町の芝居小屋で上演された。台本では孫福斎は福岡貢と名前を変えているものの、誰もが油屋騒動を連想したことだろう。ましてこの時は、番付板行のなかに「藤波」の名前が載せられ、実際に演じるなかでも「長官用向き」といった台詞もあったため、神宮は宇治会合に抗議し、興行者に注意がなされることとなった（『三重県史　資料編　近世4下』）。

現在、油屋の近くにあった大林寺《だいりんじ》の境内にお紺と斎の墓が並び建てられ、「比翼塚《ひよくづか》」と称されている。しかしこれらは、興行の成功を祈る歌舞伎役者たちによって建立された、虚構の「墓」である。お紺は奥熊野の出身だと伝えられ（異説もある）、生家とされる家に墓も残る。「比翼塚」と言っても一緒に死んだ訳でなく、そもそもお紺が斎に対してどんな感情を抱いていたかも分からないのだ。

ただし、斎と同じように近辺に居住する男たちが、古市を核とする伊勢の遊郭街や、参宮街道沿いの茶屋で働く遊女と馴染みとなることはよくあった。参宮客相手の遊女も、地域社会から隔絶していた訳ではなかったのである。一夜限りのはずが馴染み関係となり、奉公契約に縛られた女性と近隣の男との間で許されぬ恋が生まれ、苦界を抜け出すべく手に手を取って駆け落ちする事件も、再三発生する。恋人たちを庇い、逃がす手助けをする者たちが居り、一方で逃亡者を探索し、引き戻すネットワークも発達していた。

恋人の純愛と非情な兄

参宮街道沿いの上野村に住む岩吉の妹みつは、嘉永二年（一八四九）から同じ村の宗右衛門方へ十一年季の奉公に出ていた。父親は不在で兄の岩吉が家長であったが、年貢上納に差し支えて妹を奉公に出したのである。年季が明ける万延元年（一八六〇）、岩吉は妹の奉公の三年間延長と給金五両の先貸しを願い出た。場所と年季、給金額から、みつは上野村内の明星茶屋で勤めていた可能性が高い。

当初の年季が終わった万延元年閏三月、みつはいったん実家に戻っていた。ところが翌四月の十三日、彼女は隣村の斎宮村町屋郷の繁松と姿をくらます。岩吉が方々を尋ねると、二人は斎宮村内の中西出郷庄五郎方に隠れていた。明日まで待ってくれとの頼みを容れ村に戻ったが、翌日に庄五郎と文七という者が上野村を訪れ、村の世話人の惣吉に対して、みつを繁松の嫁に貰いたいと申し入れる。惣吉は、みつは五両を先借りして引き続き奉公に行く身であり、五両を持ってきたら話を付けよう、と答える。繁松側は二両を持参し、残りは秋まで待ってくれと頼み込むが、お金が足りなければ駄目だ、と聞き入れられない。再度奉公に入る日が迫り、みつは上野村に連れ戻された。

その翌日、繁松は再びみつを連れ出す。岩吉は斎宮村へ問い合わせるが、「来ていない」との返事のみ。庄五郎と文七が協力してのことだろうと考え、上野村の役人に訴えて斎宮村と掛け合って貰うことにした。だが先方は全然知らないと答えるばかりで、まったく捜索する様子がない。しかも庄五郎と文七は「三、四十日隠れるように」と二人に伝え、四月二十九日の夜に村から逃亡させたらしい。斎宮村役人に再度申し入れるが、四、五日待つようにという返答があるのみで、二人の行方は杳としてしれない。

ところが六月四日になって、津城下の北にある白塚《しらつか》村の者から、駆け落ちの男女が村内の根上り松の茶屋に居るという知らせが岩吉のもとに届く。繁松の父、弥兵衛に連絡し連れ戻すように求めるが、理不尽にも聞き入れない。使いの者を白塚村に遣わして問い合わせると、諸費用金二歩（一両の半分）をせびられ、仕方なくそのまま帰村した。

このままでは年貢も納められないとして、岩吉は神宮代官に訴える。代官は六月二十三日に繁松の父弥兵衛、文七、庄五郎の三名を呼び出し、二十八日までにみつを尋ね出して上野村へ渡すように命じた。すると二十五日夜には、みつは岩吉の元に戻ってきていた。明らかに斎宮村側では二人の居場所を把握し続け、匿い、時間稼ぎをして逃がそうとしていたのである。だが、奉公契約を楯に取って訴えられては、抵抗のしようがなかった。

後は、お金の問題が残った。みつは岩吉宅から衣類を持ち出し、質入れして逃走資金にしており、この金額一両三分と銀四匁のうち半分を弥兵衛、文七、庄五郎の三名で償うこととなった。半分で済んだのは「みつ不背致し」、つまりみつが自分の意志で繁松と逃げたこと（＝岩吉側の責任）が認定されたためである。

みつはこれから更に三年間の奉公に入り、最初から数えると計十四年間もの間、旅人相手の接待を強いられることになる。繁松の住む斎宮村町屋郷とみつの住む上野村は街道沿いに連続しており、二人は幼馴染みだったのかもしれない。十年を越える苦い勤めを終えても、なお引き続き奉公させられそうな恋人を、思いあまって連れ出した繁松。彼は二両の大金を用意したが、求められる額には三両不足だった。みつは再び苦界に沈む。

文久三年（一八六三）、今度こそみつの年季が明けた筈である。だが二人が結ばれることはなかったようだ。慶応二年（一八六六）にみつの家に盗人が入り、神宮代官に盗難届が提出された。届出主はみつ自身である。結婚していれば夫が届け出る筈であり、当時みつは、女の一人暮らしであったのだろう。盗まれたのは衣服二十一品などであるが女物ばかり、男物はわずかに「半着」が一点あるのみであった。

繁松は、当初はみつと駆け落ちする気はなく、お金を用意して正式に婚姻を申し入れた。金額が不足だとして拒絶されたために、一緒に逃げたのである。親はもちろん、恐らく若者組仲間だろう庄五郎や文七は二人を結び付けようと奔走し、村役人も実質的に支援した。みつが持ち出した資産から見ても、岩吉がぎりぎりまで経済的に追い詰められ、泣く泣く妹を奉公に出したとは思われない。白塚村の者から二人の居場所情報が寄せられたのも、岩吉が金銭を出して探索を掛けたからだろう。妹の幸せを潰した非情な兄は、慶応二年には村にいなかったようだが、身を持ち崩して出奔《しゅっぽん》したのであろうか。

江戸まで逃げた二人

伊勢に向かい宮川を渡る少し手前、紀州藩領湯田《ゆた》村（現伊勢市小俣町湯田）に、こよという女性が居た。文政二年（一八一九）、父親の助右衛門は、十六歳になった娘を年貢納入のためとして上野村の富屋半助方へ給金三両で奉公に出す。年季は当初六年間と定めていたが、助右衛門は困窮を理由に二度にわたり年季を延ばし、追加の借金を富屋半助に願い出る。こよの奉公は何時まで続くことだろうか。

ところが当初の年季も終わらない文政七年八月二十八日の夜、上野村の隣村、紀州藩領下有爾《しもうに》村半蔵悴の儀市という男が、こよを引き出して逃げた。しかも着替えや商売用の夜具（布団）なども持ち出し、逃げる途中、半助の名で服と帯地も買い調えていた。半助は、こよの親元と保証人に連絡し、捜索を求める。

その後、二人が江戸で借屋暮らしをしているとの風聞が伝わった。半助が親元に確認すると「ただ当座のがれの挨拶」のみで、一向に埒が明かない。半助はやむを得ず、文政八年正月に上野村の役人に申し出、助右衛門のいる湯田村の役人に掛け合って貰った。

二人は二月に江戸から故郷へ帰ってきた。だが五月に至ってもこよを戻さないことに腹を立てた半助は、領主である神宮の代官に訴え、証文通りの奉公勤めと、奉公中に貸した金や持ち出した品々等の弁償を求めた。

神宮代官は、半助の訴状のなかに女連れで江戸へ行ったこと、また商売用の夜具との記述があることを問題にし、訴状から削除するように命じた。当時、女性が関所を越えるには、形式上は女切手という証文が必要であり、また旅人を泊める施設は上野村では認められていなかったからである。江戸への逃亡は、表向きはなかったことにされた。「商売用の夜具」の記載から、半助が参宮街道沿いで茶屋を営み、実際には旅人を泊めていたことも判明する。こよの奉公がどういう内容であったのかも、推測される。

さて代官は、先方と穏やかに事を収めるように命じて訴状を戻した。だが調停は不調に終わり、七月に代官は紀州藩大庄屋に半助の言い分を伝え、取り扱いを依頼する。富屋半代官と大庄屋らが乗り出したことで、八月に内済が調った。こよは儀市と別れ、富屋半助のもとへ連れ戻される。そして、詫びのしるしだろうか当初の年季に二年を加え、文政十一年八月まで奉公するという条件で許された。代官らが出てきての調停となれば、証文の文言が物をいい、儀市とこよに勝ち目はない。二人はこうして引き裂かれた。

駆け落ちした儀市とこよは、暫しの間ではあったが、江戸で二人の生活を営んだ。なぜ彼らは江戸まで逃れ、居住することができたのだろうか。そして、どうして二人は、伊勢に戻ってきてしまったのか。親や村役人の求めがあったのかもしれないが、また、親たちの支援が江戸住まいのできた要因かもしれないが、何とももどかしく思ってしまう。

だが、苦界から無事に逃げおおせる場合も、少なくなかったと思われる。天保五年（一八三四）六月、古市の遊郭・扇屋で奉公していた斎宮村生まれのいつを、兄の与三松が同じ境遇の二人の遊女と共に連れ出して舟で逃げ、村まで戻った。扇屋から捜索の手が及ぶが、親や親族、そして事情は不明だが古市町の大和屋長兵衛という者が逃亡を助けていたことが判明する。いつと与三松は紀州藩領の相可《おうか》村（現多気町）を経て美濃国に赴き、追っ手から逃れて姿をくらました。父親の庄蔵は、二人の居所を知っていながら隠していた罪で八月八日に神宮から手鎖処分を受けるが、二か月後には赦免され、二人の「永尋《ながたずね》」、すなわち捜索し続けることが命じられる。だがこれは形式的な指示で、恐らくいつが扇屋へ戻ることはなかっただろう。

扇屋から訴えを受けた神宮は、古市辺りで働く奉公人の駆け落ちが折々ある、としている。訴えが起こされ、捕らえられると記録に残り易いのだが、親や仲間、村の支援を受けて逃げ延び、しばらくは追っ手の陰に怯えながらも幸せに暮らした若い二人は、少なからず居たのではないかと思われる。

心中未遂事件

みしは、山田の曽祢《そね》町の車屋与兵衛宅で、酒を飲みに来る男相手の酌取り女をしていた。無宿者の常吉はこの店に通い、いつしかみしと馴染みとなり、「身詰りの節は相対死致すべく」、つまり進退窮まったら一緒に死のうと申し合わせて、みしを誘い出して逃げた。天保四年（一八三三）十二月のことである。十二月五日に参宮街道を五里ほど北上した斎宮村に至るが、すでに「進退窮まって」いた。楼屋甚兵衛の店で二人は酒を飲み、覚悟の心中を図る。常吉は剃刀でみしを刺し殺し、自分も後追い自殺を図るが、気後れして死に切れず、その場から逃げ去った。

常吉とみしのように心中を図った事例は、伊勢の歓楽街ではさほど多くない。みつと繁松、こよと儀市らと異なり二人が追いつめられたのは、常吉が社会的に保護されない無宿者であり、彼らを助ける親類や仲間も村社会もなかったことが大きかった。

死者が出た重大事件だけに、山田奉行の吟味がなされる。翌年六月二十一日に関係者一同が奉行所に呼び出され、裁許が申し渡された。事件から半年以上が経っているが、この間に常吉が捕らえられ、関係者への吟味がなされていたはずだ。常吉は、幕府規定では下手人（死刑）に処されるところだったが、すでに病死していた。これは当時よくあることで、時に拷問を伴う獄中での過酷な日々のなか、多くの重罪人は裁許を待たずに死んでしまうのである。

みしの主人車屋与兵衛は、客と下女が密通していたこと、斎宮村の楼屋甚兵衛は、客が心中未遂をして逃げ去るまで気が付かなかったことが、それぞれ不注意だったとして「御《お》叱《しか》り」を受けている。なお、伊勢の遊郭街である古市町、上中之地蔵町、下中之地蔵町の者も吟味対象となるが、結果としては「不埒の筋もこれなく」として無罪放免となった。吟味の中身は記されないものの、車屋与兵衛への裁許文のなかに「隠売女はしてはいないが」との文言が含まれるところから、古市ほかの遊郭にしか認められていない遊女を隠し置いていた嫌疑が掛けられたのだろう。隠売女商売が認定されれば車屋与兵衛も重罪に処されたはずだが、あくまで下女と客との密通として、「御叱り」処分で済まされた。

さて、もとより車屋与兵衛は、逃げた二人を放っておいたのではない。新茶屋村《しんちゃや》（上野村に続く紀州藩領の村）の亀蔵という人間に探索を依頼していた。亀蔵は自分では動かず、同じ新茶屋村の又吉と、伊勢山田の久志本村《くしもと》の巳之助に、二人を捜索させている。

山田奉行所の裁許では、亀蔵は万事注意しておくべきところ「心得方等閑《こころえかたなおざり》」、つまり不注意が要因でみしを引き渡せなかったことを咎められ「急度叱り《きっと》」となり、又吉と巳之助は「御叱り」の処分を受けた。「急度」（＝厳しく）が付加するか否かのわずかな違いだが、亀蔵が依頼を受けた主体であり、又吉と巳之助は亀蔵からの下請けで実働した者として、責任の重さの区別が付けられたのだろう。逃亡した奉公人を捜索して追い掛ける「プロ」が、組織化されていたことをうかがわせる。

常吉とみしの「身詰まり」という状況は、追っ手の又吉と巳之助に捕らえられてしまったことを示している。二人は、どの段階で捕まったのだろうか。山田奉行所の裁許状を注意深く読むと、斎宮村の楼屋甚兵衛への裁許書冒頭には「常吉みし外《ほか》弐人罷《まか》り越」とある。この「外弐人」は、又吉と巳之助と考えられよう。つまり、斎宮村に至る手前で又吉と巳之助は、恋人二人を確保し、雇い主の亀蔵にも報告を入れていた。報告を受けた亀蔵は、二人を新茶屋村で引き渡す旨を、車屋与兵衛に連絡していたようだ。それにも関わらず、現地に赴かず又吉と巳之助に任せきりにしたことを咎められたのだ。

追っ手の二人と逃げ切れなかった恋人二人、合わせて四人は夜も更けたため、斎宮村の楼屋甚兵衛宅に泊まることになる。ここで監視を怠らねば、心中事件など発生しなかった。だが、翌朝には二人は引き裂かれ、二度と会えないだろうことは、容易に予測された。懇願されたのかもしれないが、又吉と巳之助は恋人たちの最後の一夜を、二人だけで過ごさせてやったのだ。温情があだとなり、彼らは「不念」(不注意)を咎められ、叱責処分を受けたのであるが、逃げた遊女を追い掛けて金銭を得る男たちに残った心根の優しさが感じられる。

転売される遊女

古市など伊勢の遊郭で働く女性の供給源は、伊勢周辺地域や参宮街道沿いのほか、志摩や熊野にも広がっていた。そして伊勢の遊郭に売られた女性は、そのまま伊勢に居続けるとは限らず、他の地域へ「転売」されたり、出稼ぎを強いられたりする場合もあった。例えば旅人の道中日記を見ると、木本《きのもと》（現在の熊野市）には古市の遊郭・備前屋の出店があったことが判明する。

志摩地方の海沿いには、風待ちに寄港する廻船の水主らを相手にした、「はしりがね」と呼ばれた遊女が居た。表向き遊女奉公は認められていなかったため、水主らの衣服の洗濯をするという名目で船に赴き、実際には遊女働きをしたのである。この「はしりがね」に、時に古市の遊女が姿を現す。伊勢参宮客は農閑期に集中するため、客の少ない季節には伊勢以外の地へ出稼ぎに出ていたのである。歳をとり、「人気」のなくなった遊女も、伊勢を離れていったかもしれない。

宝暦三年（一七五三）十二月、紀州藩は奥熊野地域の浦村に対し、間もなく行われる正月の浦祭に「女芝居」が行われ、伊勢の古市遊女が入り込むことを咎めた触を出している。「芝居」自体はともかく、遊女らが宿に逗留することを問題視したものであった。

志摩や紀州だけではない。十九世紀前期、桑名宿の旅籠屋仙助のところに、花香という女性が居た。街道沿いの旅籠屋では「飯盛女《めしもりおんな》」の名目で遊女奉公をする女性を多数抱えており、花香もその一人であった。天保五年（一八三四）のこと、名古屋に住む馴染み客の太助が花香を我がものにしようと拘引し、旅籠屋との間で紛争になる。無宿者や浪人、尾張藩家老の家来までが間に入り、騒動のなか、いつの間にか太助は姿をくらまし、花香は悪党の手により名古屋から京都に売り渡されそうになる。途中の四日市《よっかいち》宿で双方の関係者が揉み合い刃傷沙汰に発展し、江戸の評定所の裁きを受ける事件となった。

花香は桑名の出身ではなく、参宮街道沿いの多気郡上野村で生まれ、父親によって古市の遊郭、小川屋に十二年の年季、十両で売られた女性であった。その年季中に小川屋の了解の上で、桑名宿の旅籠屋仙助の所に移っていたのである。悪党らが絡んだ紛争には、お金に目が眩んだ父親も関与していた。幸薄い花香のその後は不明だが、恐らくは桑名の仙助方か古市の小川屋に戻され、遊女奉公を続けさせられたことであろう。

伊勢の遊女たちは、身勝手な男たちの手により、しばしば伊勢の地を離れて働きに遣わされた。伊勢神宮門前町にある古市は、周囲から隔絶された特殊な世界なのではなく、ここを磁極として参宮街道沿いや志摩、熊野など広い範囲で、遊女とそれに伴う人間関係のネットワークが築かれていたのである。

愛と憎しみの人間模様

十九世紀半ば、伊勢の地と参宮街道沿い神宮直轄領上野村を舞台に、不実な弟と、執念深くしかも壮絶な暴力を振るう夫との間で翻弄された女性が居た。

男運のないちやう

上野村で生まれたちやうは、天保十一年（一八四〇）から古市の有名な遊郭、杉本屋彦十郎方へ年季奉公に入っていた。杉本屋では、「うめ」と名乗ったらしい。事情は不明だが、当時母親は健在なものの父親の六兵衛はすでに亡く、弟の喜之助が家長となっていた。

伊勢から見て宮川河口沿いのすぐ川向うに磯村という集落があるが、そこの住人の弥三郎という男が参宮往来のつど杉本屋に客として訪れ、ちやうと馴染みになる。奉公の辛さを訴えられた弥三郎は、天保十四年一月、杉本屋に金を払ってちやうを身請けし、いずれ妻にするつもりで家の下女として召し使った。親の弥兵衛の了簡にも叶い、同年閏九月に妻に貰い受けたいと喜之助家へ申し入れる。母親は娘の意に任せたいと答え、親子相談の上で婚儀が調い、隣接する野依《のより》村に住む幸右衛門を「親分」として結納が交わされた。

天保十五年一月、ちやうは弥三郎の妻となる。ちょうどこの時に杉本屋との契約年季が明けたとしており、その期間中は下女の扱いだったということであろうか。なお江戸時代に遊郭で働く女性が身請けされ、妻として迎えられるのは珍しいことではなく、そこに蔑みや後ろめたさなどはない。だがちやうの結婚生活は、残念ながら幸せなものではなかったようだ。

正式な結婚から間もない二月末、喜之助は母の病気を理由に、姉ちやうを上野村まで戻すように弥三郎に申し入れた。大病で全快のほども覚束なく、生きているうちに会わせてやりたいという。だがこの時に弥三郎とちやうは、参宮街道沿い津の少し北、白子の観音寺へ参詣の旅に行っており不在であった。そして、帰郷後もちやうは実家へ戻ってこない。喜之助は姉を取り戻すべく、三月五日に神宮代官に訴えを起こす。母の大病という理由に加え、磯村の者の風聞では旅に出ているというのは偽りで、また弥三郎は昼夜ちやうに乱暴を振るい、一命にもかかわるほどだとする。婚姻前に弥三郎に対し不安を覚えていたため、いまだにちやうの身元について磯村へ宗旨《しゅうし》送りはしておらず、上野村の宗門人別改帳に残したままだともいう。

神宮代官としては、「一命にかかわる」という訴えを放置しては、場合によっては山田奉行所の叱責を受けかねない。だが神宮直轄領である上野村とは違い、磯村は神宮神主の久志本家の領地であり、「神宮仲間」とはいえ扱いとしてはあくまで他領である。そのため、まずは久志本家に問い合わせることになった。

久志本家では磯村に事情を尋ね、弥三郎父の弥兵衛から提出された返答書は神宮代官にも届けられる。そこに記される内容は、喜之助の主張とはかけ離れていた。弥三郎の方では、ちやうの母大病の知らせを聞いて、急ぎ見舞いの者を上野村へ派遣する。ところが母は元気に働いており、隣家の居酒屋に聞いても病気などではまったくないと言う。実は喜之助についての不審は、正式な婚姻が整う前の昨年末にもあった。弥兵衛、弥三郎親子が尾張方面に所用で不在の時に喜之助が二度やってきて、無尽講金として五両の出資をせびってきた。弥兵衛の妻は夫の不在を理由に断るが、喜之助は五両を貸してくれるまでは姉を戻すように求める。当時、ちやうは風邪で臥せっていたためこれも断るが、喜之助は一向に聞き入れない。ちやうを戻したらどうするのかを問われると、また遊女に売り飛ばすなどと暴言を吐くため、やむを得ず二両を渡した。こうした経緯があったため、弥三郎側としてはちやうを容易に実家へ戻すわけにはいかなかったのである。

神宮代官は弥兵衛の返答を受け、「隠密《おんみつ》」を上野村に派遣し、母親の状態等も確認した上で、三月十日に喜之助を呼び出す。昨年末の無尽講金ねだりや姉を再び遊女に売り渡すとの発言、そして母親は健在である事実などを示して問い質したところ、喜之助は一言の返答もなく押し黙るのみであった。代官は「今日はこれまで」と宣言し、帰村を申し付ける。村役人に対しては、偽りの願書を差し出させた点について叱責した。なお当時の上野村役人は、庄右衛門と台治郎の二名が庄屋であったが、庄右衛門は喜之助の親類で、ちやうが弥三郎に嫁ぐ際には「仲人」を務めたという関係であった。

だが喜之助側はこれであきらめることなく、親類の者を磯村へ遣わし、弥三郎の伯父、伯母らとともにちやうと面談する。ちやうは、母親が病気とあらば見舞いに行きたいが、弥三郎の妻という立場では、喜之助の訴訟は親を敵にまわすものであり、まずは訴えの取り下げをして欲しいと願う。形の上での内済が整い、訴訟が撤回されたためか、五月晦日にちやうは、日帰りの約束で上野村へ帰郷することになった。

ちやうの奪い合いと離縁の手続き

だが、夜になっても留め置かれ、磯村には戻らない。それどころか、翌日に弥三郎から迎えのため送られた林兵衛と六助は、ちやうを連れて出立後、上野村内の「二つ橋」という所で誰とも知らぬ者たちに襲われ、縺れ合ううち、ちやうの行方が知れなくなってしまう。上野村庄屋から後日に出された報告書によれば、ちやうは隣村である下有爾村の大坂屋文治方の井戸に落ち気を失っているところを発見され、引き揚げられて駕籠に乗り、喜之助宅へ届けられた。ちやうがなぜ井戸に転落したのかは不明だが、明らかに喜之助に与する者たちの仕業によりちやうは磯村に戻されず、上野村に留められたのである。

喜之助側は、なぜ母親の大病をでっち上げ、また取り返しにきた弥三郎側に強硬に抵抗したのであろうか。弥三郎側がなじるように再度遊女に売り渡す計画であれば、村役人への出訴などできないだろうし、仲間たちが協力して動くこともなかったと思われる。弥三郎にも落ち度があり、喜之助の訴えのうち弥三郎の「家庭内暴力」は、事実だったようなのだ。弥三郎はちやうを土蔵へ押し籠めて日々打擲し、焼き火箸を押し当てるなど、時には気絶させるほどの折檻を加えたらしく、それが母親の心痛にもなっていた。神宮代官も「内実承り」として、こうした情報を書き留めている。母親の病気という喜之助の虚偽の口実も、苦境の姉ちやうを救出するためだったとして、代官からさほど咎められなかったのではなかろうか。そして、このような事情を察知した神宮代官は、磯村の領主、久志本家とも調整の上で、ちやうを弥三郎と別れさせ、上野村へ戻すことにしたようだ。

八月七日に神宮代官のもとに呼び出された喜之助は、庄屋、親類、組合の者たちと共に御白洲《おしらす》にて、まずは普段の行状を責められる。代官は喜之助に対し、農業を等閑にし、不身持で、夜中などには刀を帯びて徘徊しているという風聞を指摘し、神宮長官の耳に入ったならば厳重に処分されるだろうと叱責した上、姉ちやうの一件でもけしからぬ点があったと厳しく咎めるが、今回は特別に容赦し、神宮長官にも報告しない旨を申し渡した。喜之助は、七月二十八日に弥三郎から姉ちやう宛ての離縁状が届いたことを報告する。

だが喜之助の不埒も、そして弥三郎とちやうとの関係も、これで終わりではなかった。翌弘化二年（一八四五）の三月十三日、山田奉行所の御目付衆が上野村に入り込み、喜之助を召し捕らえる。これまでは神宮代官と長官の段階で収まっていたのだが、ついに奉行所役人が乗り出してきてしまった。喜之助は、いったい何をやらかしたのか。

喜之助の捕縛

この間、今度は喜之助の結婚問題が生じていた。伊勢の問屋街、河崎の星山鎌七郎という家で働くたきという女性を見染めた喜之助は、女房に貰い受けたいと交渉する。だが断られてしまった喜之助は、一芝居打つことにした。ある男を奉行所の役人のように仕立て、自らはその家来として夜中に鎌七郎宅を訪れ、たきを寄越さなければ吟味するぞと脅迫を加えたのである。なぜ奉行所役人を装えたのかといえば、この年の正月に喜之助は江戸に下り、山田奉行が伊勢に入る際にお供をして戻ってきたのだという。その時に預かった山田奉行の紋付の提灯を、星山鎌七郎宅で悪用したようだ。喜之助がどのような縁で山田奉行と繋がったのかは分からないが、大名・旗本の往来に道中人足として日用が雇われることは一般的にあった。ともあれ、奉行所役人を騙ることは重罪であるため、喜之助は入牢となり、その後に所払い、つまり村追放の処分を受けた。

さて問題は、喜之助の恋を実らせるべく、彼の頼みを聞いて山田奉行所役人を装ったのは、何と磯村の弥三郎なのである。当初、星山鎌七郎家のたきを嫁にくれと申し入れた際にも、弥三郎の家で働いていた下女かつが交渉役を務めた。ちなみにこの下女かつは、弥三郎が古市の杉本屋うめ（ちやう）を身請けする際にも、間に入っていた。嫁取り・身請けの交渉時に、奉公主の了解だけでなく、当の女性にも意向を確認していたことを思わせる。結果として交渉は実らなかったわけだが、その後に鎌七郎宅で脅迫を働いた際にも、弥三郎の父・弥兵衛の所へたきを寄越すように、と求めている。いずれにしても、ちやうを奪い合うなかで、あれほど激しく対立したはずの喜之助と弥三郎が、ここでは共謀者となっているのである。

なぜそのような関係に立ち至ったのだろうか。考えられるのは、弥三郎がちやうと復縁し、喜之助とは親類のよしみとなったことである。弥三郎は、ちやうのことをあきらめてはいなかった。離縁状を送った後、いつの事かは分からないが、またもやちやうを磯村まで連れ戻し、同村の丈助という者を使いとして、ちやうを正式に貰いたいと喜之助方へ熱心に頼んで来ている。弥三郎の、ちやうに対する執心を感じさせる。

　それならば「妻」に優しく接したかと言えば、弥三郎の暴力性も変わらなかった。屈折した愛情表現だったのか、心身を独占できないもどかしさからのことであったのか。肝心のちやうの心情は史料からは読み取れないのだが、弘化三年の六月十三日の夜、彼女は磯村弥三郎のところから上野村の母のもとへ逃げ帰ってくる。彼女の全身には打擲を受けた傷があり、腫れ痛み、頭髪も切られている。まずは養生させるものの、全快するかどうかを心配する有様である。その養生中にも弥三郎は、小俣村の善次郎という者を使いに立てちょうを貰い受けたいと母親や親類に交渉してくるが、とても受けられる話ではない。

　そのまま上野村に留まっていたところ、八月二十七日の夜半過ぎ、弥三郎が七、八人の仲間と共にやって来て、長脇差を手に掛けてちょうが臥せている部屋まで土足で上がり込み、連れて行こうとする。驚いた母親が大声で叫ぶが、大男が抱え上げて手で口をふさぎ、ちやうも同様に男たちに抱え上げられてしまう。途中で逃げ出した母親の叫ぶ声で近所の者たちが駆けつけ、ちょうを取り返した。弥三郎はなおもやってきてちょうを打擲していたところ、上野村の者たちが弥三郎を取り押さえて縄で縛りあげる。だが小俣村善次郎が庄屋の宗右衛門に訴えた結果、弥三郎は磯村に連れ戻されることとなった。もみ合いのなかで脇差での刃傷沙汰にもなり、弥三郎はあちこちに傷を負ったらしい。

だがそれ以上に問題なのは、この現場に村払い（村追放）になったはずの喜之助が居合わせたことである。その事実が発覚し、二日後の二十九日に山田奉行所から役人三人と配下の拝田村の者六人が喜之助を捕縛して入牢処分とし、関係者も所預けとなった。

弥三郎とちようは、双方が仲人を立てて相談した末、改めて離縁することとなった。だが三か年の内は、ちようが他家へ縁付くことを禁止する、としている。ちやうに執着した弥三郎が、最後に求めた条件だったのだろう。そして喜之助は、この頃の入牢処分者にしばしば見られるように、牢死した旨が翌年四月四日に奉行所から伝えられる。彼の死により、三年以上にわたった弥三郎とちやうをめぐる紛争は、ようやく終了した。

嫌われ者の哀話

本章の最後に、村でとことん嫌われた不埒者の、哀しい家族愛を紹介したい。江戸時代も終わりに近い慶応年間、多気郡の神宮直轄領のひとつ有爾中村に、比良之助という者がいた。博打に手を出し、酒に酔って乱暴を働く彼は、村役人の訴えにより神宮代官、また山田奉行所で吟味を受け、最後は村人たちから石つぶてを浴びせられて自宅は倒壊し、文字通り「石もて追われ」てしまう。彼をめぐる事件の詳細は、領主である神宮の長官機構の公務日誌と共に、山田奉行所の裁許記録「哀敬文案」でも確認できるのだが、それらを仔細に見ると、村の評判とは異なる比良之助の情愛を感じ、いささか同情を禁じ得ない。彼がどれほど村人から疎まれ、嫌われていたのか、村役人や領主たちが彼にどう対応したのかを含め、比良之助をめぐる人間模様を見ていこう。

三十代半ばの彼は、七、八年前に「出奔帳」に登録され、村からの追放者として領主役所に届けられたが、後悔と反省の念を示していったん村へ戻る。しばらくはおとなしくしていたものの次第にまた悪さを始め、近年は斎宮村近辺の「長脇差」＝やくざ者たちを引き入れて博打を興行し、酒屋などで大酒を呑んでは喧嘩ばかりしているという。参宮街道沿いに博徒が徘徊し、呑み屋が立ち並んでいた様子もうかがえる。

不埒な行状の数々

さて、慶応二年（一八六六）七月十八日、比良之助は盆中の施餓鬼《せがき》行事で人を集め、金銭を出させていた。恐らくまた博打を始めてしまったのであろう。同じ村の長作という男が「時節柄」を理由に押し留めようとするが、怒った比良之助から打擲を受け、前歯を折り、腕を痛め、外科の名医として知られていた薬王寺村（現松阪市嬉野町）の医者のもとに送られることとなった。村の庄屋もこのまま放置はできず、神宮代官のもとへ取り締まりを求めた。代官は、書面の訴状はないのかと問うが、庄屋らが言うには、自分たちが代官に訴えたことを比良之助が聞き付けたら闇討ちに会いかねないので、内々に相談するのだと答える。事実、後に事情を知った比良之助は、村役人に脅迫を加えようとするのだが。八月十二日に比良之助は、兄の多治兵衛、親類九兵衛、組頭の喜一郎、庄屋と共に神宮代官から呼び出され、取り調べの上で叱責を受けるものの、平謝りの上で今後は禁酒と慎みを誓うことで、まずは許された。

だが、それで収まる比良之助ではなかった。翌慶応三年三月十四日には家から火事を出してしまうが、これは単なる失火だったかもしれない。だがその八日後に比良之助は「不届きの儀」を理由に神宮代官から召喚され、吟味の上で村預け、つまり村の監視下に置かれることとなった。失火が原因ではなく、悪行が再発したようだ。というのも四月末になって、今度は山田奉行所の目付役が、拝田の者を同行して比良之助を召し捕らえにやってきた。察して逃亡した比良之助を、捕縛を命じられた村役人が尋ね出し、山田奉行所まで連行する。この間に比良之助の親類たちが、もはや手に負えないとして比良之助の「手切」（勘当処分）を庄屋に訴えていたことは確認できるが、山田奉行所が捕縛に乗り出した経緯は分からない。五月四日に庄屋の庄松と輪助は、神宮代官と共に山田奉行所に出頭する。組頭による吟味がなされ、比良之助の所業についての尋問がなされた上で、比良之助に入牢を申し付けた旨が伝えられた。

比良之助の吟味記録

この時の比良之助に対する吟味記録が残されている（「哀敬文案」）。彼は妻と三人の子供との五人暮らしであったが、農業を難儀として傘の骨を削る職を始めたもののさぼりがちであり、親類たちが意見を加えても心を改めない。村の者とのもめごとは文久三年（一八六三）正月に遡り、同じ村の嘉六と郷使伝蔵との口論の仲裁に入ったところ、嘉六が聞き入れないため腹を立て、拳で打ち倒し逃げ去った。この件は嘉六親類の市兵衛の仲介で、酒肴料二歩（半両）で内済が整ったらしい。次に村内の質屋喜市に木綿の袷《あわせ》一着を質入れしたが、他出時に不自由なため質入れのまま袷の借用を頼み、応じて貰ったものの酒に酔って汚してしまい、戻すわけにもいかずそのまま放置していた。村内で出会った喜市が督促すると、村内でのことなのだから少々遅れても良いだろうと開き直る。そして去年（慶応二年）の七月には、酔った上で長作という者とつかみ合いの喧嘩となり、手荒なことをしでかす（前述の事件）。八月に神宮長官機構からの呼出しを受け、身持ちを正すようにと説教を受けるが、行跡は改まらない。それどころか、村役人が神宮に密告したのだと推し量り、逆恨みして村役人を脅せば二度とこうしたこともないだろうと考え、今年三月二十一日に村役人集会の開催を聞き付け押し掛けたが、すでに終了しており空振りに終わった、とする。この口上を受け、有爾中村の関係者を呼び出しての吟味となる。

五月十三日に再び山田奉行所に召し出された有爾中村庄屋は、今度は喜市と嘉六の二名を連れてきた。奉行所の御白洲で吟味が始まり、用人の浜口半右衛門がまず喜市に対し、比良之助の衣服を質に取った上で後に求めに応じて衣服を貸したが、質は受け戻しに来たかが問われる。返済はまだ済んでいないとの喜市の答えを受けて、浜口は比良之助に対し「その方、偽りを申す」と叱責するが、無言のままである。続いて嘉六に対して、比良之助に金二歩（一両の半分）を貸したが、そのうち一歩は返しているかを問う。だが嘉六は、一朱（一歩の四分の一）も返済されてはいない、と答える。浜口は再度、比良之助に対して「その方、偽りを申す」と叱りつけた。この時の比良之助の捕縛と吟味は、質金と金銭貸借の返済滞りを理由としていた。

だが金額は微々たるもので、これだけでは入牢処分となるほどのことではない。この程度の金銭トラブルに山田奉行所がわざわざ乗り出したのは、比良之助の処分を願う村の働き掛けがあったからだろう。というのも、この時に庄屋の庄松は神宮代官に対し、村中の総意として比良之助を「永牢」処分にして欲しいとの願いを伝えているのである。代官は、今回は初の入牢であり改心の余地があるとの判断もあろうから、奉行所に内々でも窺うことは難しい、と答えた。神宮長官機構の日記には、このように庄屋が申し出たのは、先日の比良之助の入牢処分を、当人の妻子をはじめ村中一同、そして近隣の村々までもが大喜びであり、そしていずれ出牢となるのを心配してのことだと注記している。厄介者を抱えた当時の村社会では、奉行所の警察機能をこのように「活用」していたのだが、ここまで嫌われてしまった比良之助に、哀れを感じてしまう。

当時、奉行所に付設された牢獄は未決囚を収容する施設であり、無期限に入牢させることは、どのみち叶わなかったはずだ。六月二十七日に山田奉行が直々に御白洲で申し渡しを行い、比良之助は宮川で敲《たた》きの上で、宇治・山田と居村及び江戸からの「御払」処分となった。比良之助に「御構場所《おかまいばしょ》」を具体的に示した文書が渡されるが、江戸においては品川・板橋・千住《せんじゅ》、四谷・大木戸、本所《ほんじょ》・深川の内側、町奉行所支配域への立入禁止が命じられた。もちろん比良之助にとって江戸での規制区域は問題にならず、江戸幕府の追放刑の階梯基準が適用されたに過ぎない。実質的には宮川より内側の宇治・山田と、居村である有爾中村への立入りが禁じられたということである。村からの追放を願った村人たちの希望は、まずは聞き届けられたと言って良いだろう。有爾中村の「地下中」として、万一比良之助が村に戻ってきても決して泊めない旨を誓約する請書も提出された。

比良之助一件第二幕

ところが比良之助はその後も有爾中村内に立ち回り、辻売りの飴菓子をゆすり取るなどの悪行を働き、妻と子が住む家にも度々赴いている様子だった。それを知り怒った村人たちとの間でもめごととなり、比良之助一件の第二幕となる。

有爾中村では毎年八月半ばに氏神の宇爾桜神社で「天王祭」を行い、踊りや「にわか」（芸能）なども催され賑わったのだが、慶応三年は比良之助一件でお上に苦労を掛けている状況から「当年はただ祭ばかり」、つまり神事のみを執り行うことが、いったん村役人から申し渡された。だが近隣で病が流行する状況下、若者たちの出願を受けて例年通り認められるというういきさつがあった。その八月十七日の天王祭で若者たちが集まった際に、祭りの高揚感からか、比良之助宅に押し寄せて乱暴を働き、家を打ち壊してしまう。加えて、比良之助を匿った隣村の芳兵衛を有爾中村の興隆寺まで連行し、拘束するという所業に及び、中心となった六名が入牢処分となったのである。山田奉行所で今度は村の若者たちが吟味の対象となるのだが、代表格の熊蔵らの返答書からこの時の出来事を見てみよう。

比良之助は村払いになったものの、近村を徘徊し不法を働くのは一同の迷惑なので、路銭を遣わして他国へ出て行くように説得するつもりでいたところが、しばしば有爾中村に入り込み、密かに家に戻っているとの噂である。憤激した若者たちは、八月十七日、皆で比良之助宅へ押し掛ける。入口の戸は閉まっていたため、「比良之助」と呼び掛けるが、中からは「いない」、と返答があるのみ。しかし宅内に話し声がしたため、無理に戸を押し外したところで、あちこちから石が投げつけられる。縄で結んだだけの仮小屋のような家は倒れ掛け、横手から比良之助と子供を抱いた妻の小げんが逃げ出した後、完全に崩れ落ちてしまう。

翌日に興隆寺で村の寄合があり、その席で近隣の紀州藩領蓑《みの》村の芳兵衛が比良之助を匿っているとの情報が寄せられた。居合わせた若者たちが芳兵衛のところへ押し掛けて比良之助の所在を尋ねるが、芳兵衛によると比良之助は今朝裸で訪れ「熊蔵たちが大勢でやってきて絞め殺される、どうかしばらく匿って命を助けてくれ」と懇願するので、仕方なく昼の間は差し置き、筵一枚と笠と褌一つを呉れてやったが、日暮れにはどこかへ去っていったと言う。熊蔵たちは、絞め殺す云々は不本意であり、有爾中村の庄屋らに事情を説明するように求め、芳兵衛を興隆寺まで連行する。そして比良之助を差し出すか、二度と村内へ立ち入らないようにするかを求めるが、芳兵衛は難色を示したため、見張りを付けて興隆寺の廊下に留め置くこととなった。芳兵衛が比良之助に荷担したと思い込んだ若者たちは、村役人や寺の住職の説得も聞き入れずに彼を寺内に拘束したまま、数日が過ぎた。

主犯格の熊蔵（二十五歳）と藤三郎（三十三歳）に対しては、山田奉行所は格別厳しい取り調べを行うが、それには訳があった。有爾中村での騒動を聞き付けた奉行所の目付が、拝田村の者を召し連れ十八日夜に興隆寺へやってくるが、夜中のこととて熊蔵らは蓑村の役人だと勘違いし、熊蔵は刀を抜き、他の者たちも棒を振りかざして、目付役人たちに立ち向かってしまったのである。結局、熊蔵には敲きの上で所払い（村追放）が命じられ、藤三郎も手鎖処分となった。他に長作ら七名の者が、「急度叱り」の処分を受けている。村役人たちも不始末を咎められ、過料三貫文ずつが命じられた。

不埒者の情愛

比良之助は山田奉行所で追放刑を言い渡され、「お構場」に入ったならば改めて厳罰に処せられることは、分かっていたはずだ。危険を犯して、なぜ家に戻ったのだろうか。村中の者たちに嫌われ、疎まれ、憎まれた彼は、どのような夫で父親だったのか。もちろん、その詳細は分からない。彼が入牢処分になった際、妻の小げんは村びとたちと共に喜んだと記録されるが、実際のところはどうだったのか。慶応三年三月、領主に告げ口をしたと逆恨みし、村役人の集会の場に押し掛けた比良之助は、三人の子供を殺して独身同様になっても構わない（縁座の憂いなく、自由の身で乱暴を働く）、などと放言していた。だが、それが本音だとは、とても思われないのだ。

家を壊された比良之助は隣村の蓑村の芳兵衛を頼ったが、子供を抱えた小げんは親類の本蔵という者のところへ逃げたらしい。十月十八日に小げんは、山田奉行所で吟味を受けている。当時彼女は三十二歳、夫の比良之助の三歳年下だったが、子供三人に恵まれ、それなりの年月を共に過ごしたはずだ。彼女は、比良之助が追放処分を受けた後も、夜中に度々訪れてきたことを白状する。それは、比良之助が「小児に会わせて呉れ」と求めてのことであった。村人たちの投石により家が打ち壊された日も、同様に比良之助がやってきた。追放刑を受けているのだからとその度ごとに拒絶していたものの、「親子の情」にほだされ、つい家に入れてしまったのだ、と。金銭出入りの取り調べでは偽りを申した比良之助だが、愛しい我が子に逢いたいとの心情に嘘はなかった。そして、子どもたちも比良之助に懐いていたのではなかろうか。厳しい処罰が待つ危険を承知の上で、彼は我が家に何度も帰ったのだ。乱暴と博打、暴言の数々により村のなかでは総スカンで、社会から受け容れられない比良之助だったが、幼子に注ぐ情愛は、もしかしたら人一倍強いものがあったのかもしれない。

伊勢が迎えた近代

これまで再三述べてきたように、穢れを忌み、清浄さを重んじることに神社、神宮領としての特質があるのだが、伊勢神宮は、幕末のある段階で異国人を「穢れた者」として拒絶した。こうした認識は、神道の触穢《しょくえ》体系のなかにもともとあったものではない。神宮は想定しない事態に直面すると過去の類似の事例を探し、それに照らし合わせて現実を認識するが、異国人の「穢れ視」が生じた経緯はいかなるものであったか。本章では、特に異国観の変遷に注目しつつ、伊勢の近世から近代への転換を跡付けてみたい。

異国人に関する情報は、必ずしも実態に即した客観的なものではなかった。とりわけ尊皇攘夷《そんのうじょうい》の風潮のなかで伊勢にもたらされた異国人情報は、当然ながら維新後に積極的に外交交渉が進められるなかでの情報と、そして異国人の実像とも、大きく異なった。

実際に接することなく、文字や伝聞、意図的な宣伝によって伝えられた異国人に関する情報を、当時の伊勢の社会はどのように受け止め、いかなる異国人認識を構築したのか。そしてそれは、「攘夷」が否定され諸外国と外交を取り結んでいく状況下に、さらに維新後の神道国教化政策が採られるなかで、どのように転換していったのであろうか。

「異国」の接近とケガレ意識

ペリー来航後の状況

嘉永六年（一八五三）六月三日のペリー浦賀来航の情報は、同月十四日に伊勢神宮のもとに届く。異国船渡来に伴い「世上静謐」の祈祷を行うべしという山田奉行からの通達を受けた宇治会合が、神宮長官機構に連絡してきたのである。宇治会合は三方《さんぽう》会合と相談の上で翌日に参籠し、「祈祷御祓」を献上する予定だと伝える。

もちろん山田奉行の指示は、幕府の意向に基づいていたはずだ。幕藩体制のなかで伊勢神宮は、「国家的役」として社会の安寧を祈祷する役割が求められており、将軍らの病気平癒の祈祷は、珍しいことではない。だが異国船渡来というのは、まったく新しい事態であった。また、三方会合・宇治会合による祈祷と御祓の献上は、神宮長官側には異例のこと映ったようで、先例が尋ねられ、天保七年（一八三六）に将軍徳川家慶《とくがわいえよし》が麻疹《はしか》に罹った時の平癒祈願が類似の例として見出された。そこで内宮と外宮でも相談の上で十六日に祈祷を行い、御祓と熨斗を山田奉行に献上することになった。

その翌日、今度は大宮司から「速退攘夷類莫拘国體四海静謐天下泰平宝祚長久万民娯楽」の祈祷を七日間行うようにとの指示が、御教書と祭主藤波氏の下知状《げちじょう》とともに神宮にもたらされる。「此節神宮無人」という状態ではあったが、七日間の満座の上、二十三日に「一万度御祓大麻」と「御熨斗五把」が朝廷に献上された。

神宮に対しては、幕府から山田奉行を通したものと、朝廷から祭主・大宮司を介したものと二つのルートで、祈祷命令を伴いつつ、政治的な外交情報がもたらされていた。ただし朝廷からの情報は、神宮から逐次山田奉行所に報告されている。

さて朝廷側からは、十一月に祭主藤波氏を通して、六百年近く前の正応六年（一二九三）に行われた祈祷と、同年に両宮の風宮《かぜのみや》に宮号が宣下《せんげ》された事情について、問い合わせがあった。特に弘安五年（一二八二）の「異国船渡来」との関係で、祈祷内容が異国船に関することであったのか否かを、急ぎ取り調べることが求められた。神宮側の返答を受けて、風宮は本宮に附属する別宮として扱われたようだ。その後朝廷は、二十三日に熱田《あつた》宮《ぐう》以下畿外の十社に、次いで十二月三日には伊勢神宮（内宮・外宮）及び伊雑宮と畿内十九社に対して、攘夷祈祷の命令を出すのだが、幕末異国船の渡来は、朝廷に十三世紀の蒙古襲来を「先例」として想起させたのだ。「神風」を起こした褒美に宮号を宣下された風宮が、「攘夷」の武器として注目されているのである。

これ以後、朝廷から異国船排撃の祈祷命令は雨霰の如く続く。神宮ではそのたびに、通常七日間の祈祷を行うこととなる。祈祷終了後に御祓を献上する際には、朝廷から示された祈祷命令文言を一々反復して報告する。この繰り返しによって、次第に神宮神主らの認識にも影響が及んでいったことであろう。

注目されるのは、例えば安政元年（一八五四）に出された祈祷命令書のなかに「醜類退散」との語が見えることである。孝明天皇が攘夷を唱えるなかで、異国人を「神州を汚す」存在として表現したことは良く知られている。「醜類」という語は、恐怖感の裏返しとはいえ、相手を見下し差別視する表現である。ただし神宮の触穢観念とは、異なっていた。

日米修好通商条約前後の状況

安政五年（一八五八）三月、孝明天皇は日米修好通商条約の勅許を拒否するが、ちょうど同じ時期に祭主・大宮司から伊勢神宮に対して、開港を拒絶する嘆願書を差し出すようにとの働き掛けが、秘かになされていた。三月二十一日に大宮司から、祭主家司の「ごく内々の書状」が示される。そこには次のような祭主の強い意向が示されていた。

開港開市を求めるアメリカに対して、朝廷では種々評定をしている状況である。しかし要求通りとなれば開港開市の場所に拝礼所（教会）が建つこととなろう。そうなっては「社寺衰微の基」である。主だった社寺では、こうした風聞を聞いて嘆願書を上げようとしているが、「第一之神宮」＝伊勢神宮にそうした動きがないことは「不神忠」ではないか。ただし、他の社寺の状況はまだ不確定なので、日付は入れずに解状を認め祭主家まで出すようにされたい、情勢を判断して朝廷に出す、というものであった。

文中では「内々」「内談」が強調される。特に伊勢の山田は「風聞高き処」ゆえに、慎重に取り計らうべきことが求められている。一方で、「神宮之一大事」という状況のなか、神宮が独自に動こうとしないことを、情報の乏しい地にあるため、と断じてもいる。

両神宮は大宮司の説得を容れず、これを拒絶した。今回の異国情報は風聞のみで取り留めもないものである。日付のない解状の提出は甚だ軽々しく、先例もない。また解状を出すのならば山田奉行への注進が必要だが、「内々」であればそれもできない、との理由をあげる。朝廷からの働き掛けに対して、山田奉行に説明できないことを理由に拒絶しているところに、この時期の伊勢神宮の政治的位置と、神主らの意識が見て取れる。

大宮司側は解状を出す前段階として、三か条の「口上之覚」の文面を予め用意し、神宮に示して意見を求めた。まず教会建設について、キリシタン禁令の歴史を記し、異国人を対象とした施設とはいえ「国家の御大事、神道之興廃この一挙にあるべし」とする。続いて開港交易となり鳥羽港が開かれ、異国人が神領近辺を徘徊することになっては困るとし、最後に三方が海に面した神宮の厳重な警護を求めた。

さてこの二か条目において、異国人を「不潔汚穢の醜虜」とする表現が出てくる。「醜類」の語をより具体的・攻撃的に、排除意識をより過剰に表したものである。

神宮にも、祭主からの情報通りに異国人が神領近くに上陸するのは困る、という認識はあった。だがその危機意識よりも、山田奉行への説明が必要だという手続き上の問題の方が優先された。その後も神宮内部で嘆願書、さらには解状の文言作成の相談はなされるが、その途中で神宮の了解なしに、大宮司から「口上書」が祭主に提出されてしまう。しかもそれは、伊勢神宮の総意であるかのように申し立てられた。神宮は「出し抜きそうろう様の仕方」と不快感を隠さない。なお大宮司の「口上書」は、祭主から朝廷へ提出され、そして老中に送られた。朝廷は、幕府に対し条約勅許拒否の圧力を強めるため、伊勢神宮ほかの神社を利用しようとしたのであり、祭主・大宮司はその意向に従って動いたのだった。

この段階まで、伊勢神宮の異国人渡来問題に対する対応は、幕府や朝廷の働き掛けに対して基本的に受動的である。異国人の接近に拒絶意識はあるが危機感は弱く、朝廷への嘆願書を求められても、手続き論や形式に拘泥して積極的に対応しようとはしない。

危機意識が全くなかった訳ではない。同年八月には、開港の候補地を抱える鳥羽藩の家老から神宮に問い合わせがあった。鳥羽藩領には内宮別宮の伊雑宮があるが、鳥羽港に異国船が押し寄せた場合の対応を相談してきたのである。

これに対する神宮の返答が興味深い。『百錬抄《ひゃくれんしょう》』や『吾妻鑑《あずまかがみ》』など、鎌倉時代の歴史書に記される熊野悪僧乱入の史実をあげ、その際の例に倣い、神宮に遷御するよりほかはなかろう、としているのだ。伊勢神宮から見た熊野のイメージを考える上でも興味深いのだが、異国人が接近する状況で想起されたのは中世の熊野悪僧であり、危機意識はそれなりにあるものの、異国人ゆえの拒絶反応、また後に明確に表れる「穢れ」意識は弱いのである。嘉永六年（一八五三）に著された神宮神楽職・井坂徳辰の海防論にも、攻撃された場合の戦略論は細かに論じられるが、異国人の「穢れ」を問題にする叙述は見られない。

危機意識の高まり

異国人渡来問題について、伊勢神宮の対応が大きく変化した契機が、安政六年（一八五九）に顕在化した異国人旅行問題である。この年の六月に、安政五か国条約の条文写が山田奉行を通して神宮にも伝えられた。それまでも異国人が鳥羽港に渡来する可能性は意識にはあったが、神宮自体を訪れるかもしれぬという具体的な実感を伴う恐怖感が、この時に初めて芽生えた。「日本」一般に対する異国船の渡来については、幕府・朝廷からの情報に接しても伊勢神宮の反応は鈍かった。しかし、足下に迫る異国人の具体的な情報により事態を深刻に認識することで、神宮独自の対応が始まる。

新たな事態に直面した際に類似の先例を探すのは、神宮の基本的な思考様式だが、この時には、八十年ほど前の安永四年（一七七五）に鳥羽に漂着した琉球人を、大坂の薩摩藩邸に送るために神宮領を通行した際の事例が見出された。神宮は琉球人一行について、往還筋はやむを得ないが、神宮境内に続く館町《たち》へ立ち入ることは拒絶し、同時に神宮領の村・町に対して領内で火を用いた物を琉球人に食べさせないように、とする触を発した。「異国人」を忌み避けることについて確かな法文は見られないが、つまるところは「肉食」をするため禁忌が計り難い、としている。琉球人を「異国人」としてとらえ忌避している点に注意が必要だが、この「先例」を見出した神主らは、琉球人はしかし「皇国附属の国人」であり、今回のような「驕強の異人共」とは異なる、としている。

幕末段階における異国人認識は、根底に侵略に対する警戒感、恐怖感があり、加えて神宮領への立入を拒否する心性が過去の先例を尋ね、異国人は肉食ゆえに穢れているという、神宮の触穢体系特有の拒絶理由が持ち出されることとなった。

八月二十二日に山田奉行所を訪れた両宮・大宮司一同は、まず五か国条約についての懸念を伝える。山田奉行の渡辺孝綱は近々参府する予定であったが、神宮側に次のような見解を述べた。異国との条約の詳細は不明ながら「親睦のお取り扱いに相成」ことであり、神宮領市中を異国人が通行することは問題がなかろう、と。神宮側は、火による穢れを強く忌むことを理由に、京都に倣い十里四方の異国人立入禁止を求める。だが渡辺は「当時の異人は日本人同様にて、言葉も大に通し」、漂着の異国船には薪水を給与するのが今の国策である、と説得する。「神領市中」あるいは「十里四方」の制限は非現実的であり、精々宮域に立ち入らないようにすれば良いのではないか、というのが渡辺の考えであった。

もちろんこれは、神宮側が容認できるものではない。また京都で規定された十里四方は「遊歩」の制限であり、異国人の参宮を拒めない可能性がある。ゆえに「古例」のごとく度会《わたらい》郡・多気《たき》郡・飯野《いいの》郡の神三郡と志摩国への立入禁止を求めることで意見が一致した。新たな情報に伴う危機意識の高まりは、現実とはかけ離れた過剰な提案を生み出していく。

八月二十四日には両宮長官・神主中と大宮司が連名で、神三郡、志摩国の異国人立入を拒む願書を山田奉行に提出した。両宮と大宮司が連署する願書は、異例のことであった。

だが開国の意向を持つ幕府の遠国奉行は、先にみたように神宮の主張をやんわりと拒絶していた。九月十七日に祭主は、幕府・山田奉行に歎願しても埒があかず、朝廷に出訴すべきではないかとの意見を述べ、神宮もこれに賛意を示している。

近世の神宮は、神事や官位叙任《じょにん》等の面では朝廷の管轄を受けるが、それ以外の利害権益に関わる訴訟などでは、頼るべきはあくまで幕府と山田奉行であった。前年の安政五年に神宮が朝廷側からの働き掛けを拒絶した一番の理由は、山田奉行への説明が付かないという点にあったことを想起しよう。安政六年段階で、歎願先として山田奉行・幕府よりも祭主・朝廷を志向する兆しが見られるのは、重要な転換なのである。

朝廷への接近

だが幕府からはもちろん、朝廷からも表立った動きはないまま二年近くが過ぎた。文久元年（一八六一）六月十二日に、大宮司家の役人橋爪左門が内宮に情報をもたらす。渡辺孝綱の後任の山田奉行・秋山正老は、江戸で引き継ぎを受け異国人の神領立入問題について老中松平乗全《まつだいらのりやす》に伺ったが、神宮の願意はもっともなことながら、異国人の風儀として禁止すれば却ってしたがるものである（だから放置した方が良い）、という返答であった。

しかし、事態はそんな悠長な応対では済まなくなっていた。大宮司家が、恐らく祭主から得た情報によれば、兵庫湊に入船した異国人が、奈良街道から加太山《かぶとやま》を越えて伊勢国に入り江戸へ向かった。その途中、奈良で春日社参詣を求める。一乗院《いちじょういん》（朝彦親王《あさひこしんのう》）が禁制札を掲げたので実現しなかったが、外国奉行と奈良奉行は参詣を容認する姿勢であったという。しかも風聞によれば、その後は伊勢参宮をするつもりであったが、春日参詣を押し止められたために断念したのだと。異国人が参宮に訪れる可能性は、いよいよ高くなりつつあった。大宮司家では、神宮近在の武将、紀伊・徳川氏、津・藤堂氏、鳥羽・稲垣氏、そして信楽《しがらき》代官所の多羅尾《たらお》氏に警衛を働き掛けるのはどうか、と神宮に持ち掛けている。

六月二十七日に神宮から山田奉行に対して出願がなされたが、その返答は芳しいものではない。異国人が参宮を望んだならば老中からの沙汰があるであろう、また不意に参ったならば宮川より外で止宿させ、その上で奉行の組方の者が対応する、というものであった。ここに至り両神宮と大宮司は、京都へ「内密書」を送ることを決めた。異国人旅行問題に関してはついに山田奉行を見限り、従来の原則に反して奉行に無断で、京都に働き掛けることになったのである。朝廷の意向を受けて大宮司側が伊勢神宮を取り込もうとする働き掛けは、ようやくにして実りつつあった。

ただし、山田奉行の御師でもあった外宮三祢宜は、山田奉行の方針に賛同している。京都への密書提出について、外宮で了承したのは二祢宜のみであった。神宮内部で、幕府―山田奉行に与する者と、朝廷―祭主・大宮司に付く者と、意見が分かれていたのである。

異国認識の諸相と維新期の転換

異国人忌避の論理

伊勢神宮が異国人を忌避した理由を整理しておこう。大きく分けて①キリスト教への警戒。②侵略への恐怖。③穢れ観念、の三つの要素があり、さらに③の穢れ観念は、③a肉食に伴う穢れ観、③b醜い・不潔観とに分けられる。

②の侵略への恐怖が、本心としては最も強いものであっただろう。①と②は、朝廷にも神宮にも共通する。だが神宮側の訴状でキリスト教の忌避があげられる場合は、ほとんど朝廷・祭主側から示された文書の文言を反復したもので、異国人旅行問題が浮上した段階では、取り上げられることがない。侵略への恐怖を感じた神宮が、動きの鈍い幕府・山田奉行に働き掛ける際に神宮独自の理念として持ち出したのが、③aの肉食に伴う穢れであ

った。そしてこれは、十八世紀後期の琉球人通行時に適用された「先例」があった。これを見出すまで、神宮にあったのは何より恐怖感であり、またその後を含めても、異国人を穢れ視する意識は強いとは言えない。対して朝廷側は、孝明天皇の祈祷命令文言に見られるように、③bの観念、「醜虜」「汚穢」「不潔」の語を異国人に付していった。

醜く汚れたという相手を見下す差別表現は、しかし神社の触穢観念とは異なる。伊勢神宮が見出した、③aの「肉食」の穢れは、神宮の伝統的な触穢体系に含まれるもので、忌避の程度としては強いが、日本人も肉食すれば穢れとなり、また一定期間を過ぎればそれは解消される。異国人という「存在」が穢れなのではなく、肉食ゆえに穢れた「状態」になるに過ぎない。厳密に言えば、肉食を絶った異国人を拒絶する理屈はない。

伊勢神宮にとって、穢れとして忌避するためには従来の触穢体系に当てはめるしかない。だが恐怖感を背景に、いったん異国人に「穢れ」たものというイメージが付与されると、それは次第に増加してくる異国人情報に影響を受けて変容し、また増幅されていく。

異国人情報の様相

しかし神宮にもたらされる異国人情報は経路も内容も様々であり、具体的で正確なものも含まれた。近隣の藩や住民からは、現地での直接の見聞に基づき、酒を好み喧嘩をし、犬を連れている様子、測量や商売取引のやり方、望遠鏡を使うこと、言葉についてなど、異国人の嗜好や行動形態に至るまでの情報が届けられている。山田奉行からも、異国人を同じ人間としてとらえる冷静な認識が示された。神宮にほど近い鳥羽港は、異国船が頻繁に接近する枢要の地であったため、領地の範囲を越えて様々な情報が頻繁に交わされた。神宮は、幕末の情報化社会のまっただ中にいたのである。むしろ、攘夷の観念に囚われて過剰な反応を示し、異国人の穢れ観をエスカレートさせていく朝廷に比べ、様々な組織・立場からの多様な情報、とりわけ異国人の生身の情報によって、より実像に近い異国人認識を形成する可能性を秘めていた。

異国人への対応をめぐり、伊勢神宮内部で意見の対立が生じていた原因のひとつも、ここにあった。文久元年（一八六一）の異国人神領立入問題に際して、祭主（朝廷）と山田奉行（幕府）とで対応が異なった際、不安に怯える神主たちに対して、山田奉行所にたびたび出入りしていた外宮三祢宜は、「一向心配致さず」と言い放ったのである。

維新後のことであるが、明治三年（一八七〇）五月に英国軍艦が海岸測量を目的に志摩国的矢浦《まとやうら》に碇泊した。神宮では警戒を強め、また乗組員が参宮を望んだならばいかに対応すべきかに苦慮しているのだが、この時に横地若狭という神主が軍艦を見物に行き、異国船に乗り込み船中を見てきたことが発覚した。神宮長官は「穢れの場所」へ赴いたことを心得違いとして叱責しているのではあるが、異国人への穢れ視や危機意識が叫ばれる状況下で、神主たちの間でさえ、抵抗感なく「異国」と接触する人たちが存在したのである。

ここで異国「人」から少し離れ、異国的要素を取り上げてみよう。江戸時代の見世物のジャンルのひとつに外国産の動物があり、三都を中心に流行するが、古市でも早くから行われていたようだ。だが幕末に至り、神宮領に相応しくないものとして問題視されるようになる。

異国動物の見世物

歓楽街の古市《ふるいち》周辺では、芝居や見世物《みせもの》が盛んに興行された。

元治元年（一八六四）十二月二十九日から古市で始まった虎の見世物について、翌年正月早々に大宮司は、虎の食物として「如何の品」を取り扱っているとの風聞を問題視する。魚のみならば構わないのだが、獣肉を食べさせ、その動物を見せていることは容認できず、小屋を市中の参道から郊外に撤去させるべし、と神宮側に伝えた。

だがこの見世物は、山田奉行に申請して正式な認可を受け、すでに興行が始まっているものであった。内宮と外宮、そして祭主との間で、あえて停止を願い出るための理由について話し合いがなされる。祭主側は、確かにこれまでも異国の獣を見世物にしてきたが、もともと神宮領に相応しくないものであり、そして一昨年の文久三年（一八六三）に朝廷から勅使が伊勢へ派遣され、綱紀粛正が命じられたことを、停止の根拠としてあげる。

内宮側では、山田奉行が一旦認可した興行で、しかも始まって日数も経過していること、悪食（獣肉食）の有無については見世物興行者がそれを否定すれば検証は難しく、また事実が明確になると却ってまずいことにもなりかねない（藪をつつくことになる）、とする。神宮側が、見世物差し止めに消極的であることは間違いない。祭主側は、とりあえず見世物小屋に板囲いをして遮断することを提案し、一月二十九日には奉行所に届けられた。以後数回の尋問がなされたが、恐らく提案通りに決着したのではないかと思われる。

虎問題と並行して、間もなく当地へ連れられて来る予定の象についても、神宮に問い合わせがなされる。神宮は山田奉行所に対し、確かに象は異国の獣ではあるが、虎と異なり餌は藁であり、鳥類と同様に禁忌にかかわる肉食はしないため支障はないとした。だが同年五月に朝廷は、横浜からやってくる象に関して、以後「異獣」は神宮領で見物させることを禁じる旨を伝えた。何を食べようが食べまいが関係なく、異国であることが、いけないのである。「穢れ」の有無ではなく、見慣れぬ異国の要素自体が否定された。

胡服と僧尼

内実とは関係なく異国風の外観ゆえに忌避されたものとして、洋式軍装＝胡服《こふく》がある。異国船の接近とともに、紀州藩を中心にこの地域でも西洋軍隊式の調練が盛んになってきた。神領民も西洋式軍隊に編成する動きがあり、神主らにも武芸の奨励がなされる。訓練時には当然に西洋風の衣服を着用するのだが、この風俗が次第に広まり、神主たちの間で胡服のままで参宮する者すら現れるようになった。慶応三年（一八六七）二月に神宮は、祭主を通じて幕府・山田奉行に働き掛け、「夷服《いふく》着用」の者は、参宮はおろか神三郡と志摩一国には立ち入らせないように願うこととなった。

異国の服は、なぜいけないのか。表向きは、そのような服装であれば本当の異国人と区別が付かないから、とされるが、それは本音ではないだろう。異国風の衣服をまとった日本人は、異国人自身とほとんど同様に、忌避されたのではなかろうか。

ただし、市中住民らの認識は様々であった。血の滴る肉を食べ「禽獣《きんじゅう》」に等しい異国人の服として否定する論がある一方、自慢げに着て見せる者、その機能性を高く評価する議論も存在した。西洋で製する砂糖や南蛮渡来の合羽等は受け入れながら、胡服のみを拒むのは不合理だ、という冷静な主張もあったのである。

さて胡服着用者の参宮禁止の請願について、幕府へ提出する願書の草案が祭主から神宮に示された。それには、以後は胡服着用の者の参宮は「僧尼同様」に禁止されたい、との文言があった。しかし神宮側は、「僧尼同様」の語を削除するように願う。

江戸時代を通じて伊勢神宮では、僧尼の参宮は建前上、禁止されていた。しかし、その忌避は決して厳密なものではなかった。僧侶であっても、門前で販売している「附髪」（附髷）で剃髪の頭を隠し、外見が俗の姿になれば参宮は許された。文久三年（一八六三）勅使による神宮改革は仏教色を一掃することを目指していたが、その段階ですら「俗の姿に相成、附髪致しそうらわば、是迄の通り宜しくそうろう」とされたのである。実際には僧侶であることは、衆人承知の上である。一時的に、見た目で僧侶の姿を離れれば良かったのだ。

神宮も朝廷も、ともに見た目の問題を重視していた。だが、その表れ方は大きく違う。動物や胡服について、神宮は主としてその「実態」が触穢体系に則るか否かを問題とするが、朝廷は視覚の違和感と異国的な要素自体を拒絶したのである。

維新後の異国人問題

文久三年（一八六三）に朝廷からの勅使として伊勢に赴き、異国人と仏教と被差別民を激しく排撃した橋本実梁《はしもとさねやな》は、維新後に度会府・度会県知事、同県令に就き、明治初年の神宮改革を主導する。神宮への「外圧」は、それを直接担当する人間は同じでも、中味はほんの数年で一変した。幕末に触穢の厳密化、とりわけ朝廷側の触穢観念を押しつけてきた勢力が、今度は伊勢神宮に、触穢の否定・一掃を強要していくのである。尊皇攘夷から文明開化への転換期には、こうした「手の平返し」は、様々な局面で起こった。「穢れたもの」として排撃を強要した異国人についても、一転して積極的に受容するようになった。

明治三年（一八七〇）五月、測量船丁卯丸と英国軍艦が、志摩国的矢浦に着岸した。英国の乗組員が参宮を申し出たため、神宮世界に動揺が広がる。

この時の異国人参宮はまずは押し止められたが、神宮の権祢宜らが作成した願書の下書が残されている。その文言の一部を引用しよう。

外国ノ人ニ於ケル、常ニ異教ニ浸潤シ、雑穢ニ混ジ、獣肉ヲ食フ、此ノ如キ者ヲシテ宮中ニ参入セシメバ、神慮ヲ冒シ奉ルノ甚シキ、其恐勝《あ》ゲテ言フベカラズ、既ニ外国人ヲシテ宮中ニ参入スルコトヲ被為許候《ゆるせられ》ハヾ、僧徒ハ勿論屠者穢人ノ徒モ亦《また》皇国ノ民ナリ、随ツテ参入スルコトヲ禁ズベカラザルニ至ルベク、大神宮既ニ斯ニ至ラハ闔国《こうこく》三千余座ノ神祇悉《ことごと》ク腥羶《せいせん》ノ汚穢不被為受《うけさせられざる》コトヲ得ズ

「異教」を信仰する外国人は獣肉を食して穢れにまみれており、そのような者を神宮の宮中に参入させては神慮《しんりょ》を冒すこと甚だしく、恐れ多い限りだ。そして外国人を許せば、僧侶はもちろん被差別民も拒めなくなる。そうなっては全国の神社がことごとく穢れを被ることになるだろう、と。ここには、異国人と僧侶と被差別民との三者をワンセットとして、いずれも「穢れ」として忌避する論理が見事なまでに凝縮されている。しかしこれは、神宮の本来的な触穢観から出た内容ではない。文久三年改革を起点に朝廷が行った神宮への働き掛けが強く影響し、浸透した結果なのである。

神宮も度会県に出願するが、五月十九日に県知事・大参事に面会した外宮六祢宜の朝昌は、異国人の上陸を認め、日本人と同様に扱うことは今年正月の布令で命じられており、上陸の差し止めも警備もできない旨を告げられた。神宮はその後、久居藩《ひさい》「軍艦」の浅木

比と連絡を取る。浅木比は、山田詰めの同役や神宮と情報を交換していた。彼らの間では、異国人が参宮したならば精々押し止めるが、力に及ばなければ致し方なく、鳥や鳩などと同様に見て、認識しなかったことにすれば良い、という理屈をひねり出していたのである。

さて、明治四年（一八七一）八月には賤称《せんしょう》廃止令が発令される。明治三年十一月には度会県庁から「古法の如く」として禁じられていた獣肉食用者の参宮も、明治六年一月には牛肉食が表向きになったことを理由に容認する旨の度会県通達が出された。かくして、伊勢神宮において制度的に被差別民を排除する根拠の一切はなくなった。

明治五年三月には、度会県庁から「先般御神領すべて上地に相成そうろうに付ては」との理由で、従来伊勢の地に限られた触穢に関する規則全般の廃止が命じられた。度会県と神宮司庁から神祇省《じんぎしょう》に伺った上での達しである。同時に、宇治・山田における罪人処刑の例外規定、死者を送る際の穢を避ける習俗＝速懸《はやがけ》の停止、葬送の死穢に接した人間も三日後には参宮を容認することなどが触れられた。そして、僧侶の参宮も苦しからずとなった。

同年八月に、神宮少宮司の浦田長民と大宮司北小路随光は教部省に宛て、僧侶参拝の場所と規則を定めたいと申し入れる。「外国人参拝相望みそうろう節、取り扱いの標準これなく、不都合」との理由であった。僧侶の参宮容認は、外国人参宮問題を連想させたのである。度会県からは神宮に対し、条約改正という状況下での対応について問い合わせもあった。さて九月に教部省《きようぶしよう》は、次のような伺いを正院に提出する。

正院伺の写

神宮大少宮司より外国人参拝の儀につき別紙の通り伺い出そうろう、右は去庚午六月御評議の趣もこれありそうらえども、遠人も来拝いたしそうろう様相成《あいな》りそうろうは却て神慮に叶わせられそうろう儀にこれあるべくそうらえば、向後参拝申出そうろう節は御国人同様の振合を以て差し許し申すべき指令に及ぶべきや、この段相伺いそうろう也

壬申九月　輔

正院御中　卿

遠来の客が来拝するようになれば、それは却って神慮に叶うとして、今後は外国人の参拝を日本人同様に許すように、としているのだ。あれほどまでに外国人を排撃し、伊勢神宮に対しても異国人の参宮拒絶を勧め、強要した勢力が、このような屁理屈を用いて「手の平返し」を行っているのである。だが、このレトリックに抗する選択肢は、伊勢神宮にはもはやなかった。先に見た異国人を鳥や鳩と見なすという言い方にしてもそうなのだが、

要は神宮世界の人びとがとにもかくにも納得できる理屈の付くことのみが意識された。

十月末日に教部省から、外国人参宮を日本人一般同様に認めるべしとの達しが正式に出された。明治四年八月から翌年十月にかけてわずか一年余りの期間に、幕末に激しく排除された外国人、僧侶、被差別民の参宮が、相次いで容認されることになったのである。神宮が固守してきた触穢規定、それはほんの十年足らず前には遵守が厳しく命じられたのだが、神祇省・度会府の指示で解消されることで、彼らを排除する根拠もなくなった。

外国人の参宮容認が決まった直後の十一月二日には、大久保利通《おおくぼとしみち》に伴われ、英国人のお雇い外国人が参宮した。尾上町の横山屋という宿に止宿している。大半の神宮神主たちは、ここで初めて生の異国人に接したことであろう。翌年三月にも英国人が参拝し、以後外国人が「しきりに参拝」という状況になったらしい。同八年にはアーネストサトウ、十一年にはハーリー・パークスの参宮もなされた。幕末期にあれほどまでに激しく異国人を拒絶した神主たちだが、これらの参拝について、何かもめごとがあった形跡はない。

伊勢の近代化の光と影――エピローグ

以上、近世の伊勢の地について、神宮領であるがゆえの特異な習俗や感覚と住民構造、参宮文化に基づく社会の特質を見てきた。宇治・山田と周辺域は、かくも特殊で個性的な地であった。だが現在の伊勢市域は、神道式の葬儀＝神葬祭が一般的であり、遷宮の時などに「神領民」意識が表れるものの、普段の生活において特段に他の地域と異なる点は見られない。

伊勢参宮に訪れる人は、人数だけなら江戸時代をはるかに凌駕し、身分・職業・国籍・性別・健康状態等々、何らかの属性により参宮を拒まれることもない。しかしそれらのほとんどは一生に一度の特別な念願などではなく、観光地を訪れる様々な旅の一つであり、交通の発達もあって伊勢に泊まるとは限らない。江戸時代に参宮文化の担い手であった御《おん》師《し》は明治期以降に旅籠屋《はたごや》に転身し、しばらくは檀家《だんか》との関係も維持されたが、現在は伊勢市内の街角にひっそりとその遺構の一部が残るのみである。

幕藩体制の下で発展した地域の個性は、明治維新後の国民国家の成立を起点とし、戦後の高度経済成長、中央集権化の進行により、徐々に薄れていった。だが伊勢の地では、幕末維新期に劇的な変容を迫られた。異国船の接近と開国、対外交渉のなかで神宮領特有の観念は大きく揺らぎ、同時に神宮は天皇を中核とする近代国民国家のなかで新たな役割が付与されていく。

文久三年（一八六三）に朝廷が主導して行われた神宮改革は、朝廷の触穢観《しょくえ》に基づき、異国人と僧侶、そして被差別民を厳しく排除するものであった。しかし神宮世界においては江戸時代を通して、異国人はともかく僧侶と被差別民は、表向きの規定に関係なく受け容れる制度が発達しており、むしろ不可欠な役割すら有していた。異国人についても、もともと神宮に拒絶意識は決して強くはなかった。

明治維新後に諸外国との外交が本格化し、文明開化が進む状況下、宇治・山田世界で適用されてきた触穢規定・服忌令《ぶっきれい》は、朝廷の触穢観念を強要した同じ勢力によって否定される。伝統的で土着的な触穢観は、神宮が近代国家の下で神道国教化政策の中核を担う時に障害となったのである。そうしたなかで、異国人、僧侶、被差別民の参宮が相次いで容認された。神宮は、異国人への差別・排除を強く求められた幕末期を経て、こんどは一転容認を命じられる、「手の平返し」を受けた。

伊勢神宮の異国人認識は、未知の存在ゆえの恐怖感はあっただろうが、「獣肉食」を拒否の理由に持ち出す程度の感覚であり、そして幕末段階には、異国人の実態に即した多様で豊かな、そして冷静な情報も一定度蓄積していた。維新後に表立ってさほどの混乱が生じなかったのは、本来の神宮世界が持った触穢についての融通無碍で柔軟な思考回路が下支えしただろうし、異国人を客観視することが可能な情報を得ていたことも大きかったように思う。

「汚穢醜虜」と蔑まれた異国人、清浄な神宮の対極にあるものと排除された被差別民、文久三年から始まる神仏分離、仏教排撃により遠ざけられた僧侶・仏教。彼らはいったんその存在自体を激しく否定され、排除された上で、一転して容認された。

情報のみで形成された誤った認識は、それが精神の奥深くまで影響するものでなければ、現実のモノに接した時に崩れるのは容易い。だが、神宮、神主たち、そして神宮領の住民たちの認識は、もはや幕末以前の融通無碍な思考回路そのままに戻ることはできない。幕末のある段階で、穢れ観から自由な異国人観も神宮世界に生じかけていたが、この芽がそのまま成長することはなかった。真に受け容れる訳ではない形式的な受容・容認、それゆえの鬱屈した葛藤。これらは幕末の神宮世界が伝統的な観念のままでいたならば、持たなくても済んだものであった。神宮世界のみならず当時の社会において、幕末期の短期間に外在的な情報によって厳しく刻印された他者認識は、表面には出ずとも、そしてそれゆえに重く、その後の時代に規定性を与え、引き継がれたのではなかろうか。

あとがき

二〇二二年七月の終わり頃、吉川弘文館編集部の若山嘉秀さんが、三重まで訪ねて来られた。同社からは、以前に出した論文集（『近世伊勢神宮領の触穢観念と被差別民』、清文堂出版、二〇一四年）をもとに、伊勢神宮領の歴史を一般向けに書き下ろしてみないか、とのお話を頂いていた。個人研究のほか三重県史や伊勢市史、明和町史等の自治体史編纂事業に関与するなかで伊勢に関する史料はそれなりに見てきており、素材に不自由はなく、前向きにお返事した。だが、一向に執筆が進まず、業を煮やして原稿を取り立てに来られたのだと受け止めた。若山さんには、『鳥羽・志摩の海女―素潜り漁の歴史と現在―』（吉川弘文館、二〇一九年）を出版した際にもお世話になったものの、生身でお会いするのは初めてで、内心びくびくしながらお迎えした。私は中学・高校時代を信州松本で過ごし、テントをかついで山に入っては野鳥を観察する高校生活を送ったのだが、若山さんも登山をされていたとのことで、盃を傾けながら、松本駅前の山男が集う喫茶店やアルプスの山々について楽しく話が弾んだ。

しばし歓談した後、少し前に出した熊野についての拙著（『江戸時代の熊野街道と旅人たち』塙書房、二〇二二年）の話題になり、「とても面白かった」と褒めて頂いた。「しかし」、と言葉を継ぎ、やおら事前にお送りしていた下原稿を取り出し、「それに比べて今度のものは、もうひとつですねえ」と仰った。言葉は柔らかいものの、面白くないという厳しい評価は、私の胸に響いた。ああ、そうなのだ。論文集の文体を一般向けに書き換える「作業」だけで済まそうとした安易な下心は、いとも簡単に見破られた。私自身、二〇数年前から調査を続けてきた熊野について、一般に流布しているものとは違う「本当の」歴史像を描いていきたいとの思いがあり、また近年は「近代東アジアの海藻文化」という総合研究に夢中になっていて、心は伊勢になく、「気持ちが乗っていない」自覚はあった。いったい私は何を書きたいのか、どんな世界を描きたいのか、訴えたい内容は何なのか。夏の間、自問自答を繰り返した。

伊勢に向けて旧参宮街道をご案内する車中で若山さんから頂いた、「街道の話も入れてみてはどうですか」という助言も頭に残っていた。本のタイトルも、あれこれ変えてみた。秋の初め頃に「虚実」という用語が頭に浮かび、要素が整理できたように思った。

「虚実」と言っても史料に基づいて「事実」を叙述したつもりであり、決して虚構を書